Sara Gallardo

EISEJUAZ

Tradução
Mariana Sanchez

/re.li.cá.rio/

7	**PREFÁCIO**
	Martín Kohan
13	O encontro
29	Os trabalhos
37	A peregrinação
85	Água que Corre
91	Paqui
109	As tentações
125	O deserto
147	A volta
177	As coroas
203	**NOTA DA TRADUTORA**
	Por um evangelho xamânico: *Eisejuaz* em tradução
	Mariana Sanchez
219	**ESTUDO**
	O fim do mato: da história de Lisandro Vega ao romance de *Eisejuaz*
	Alexandre Nodari
227	**SOBRE A AUTORA**
	Sara Gallardo para além das fronteiras
	Lucía De Leone

PREFÁCIO

por **Martín Kohan**[1]

Toda ficção nos convida a suspender nossas crenças para pôr, no seu lugar, um sistema de crenças diferente. O pacto de leitura de *Eisejuaz* parece, em princípio, proceder do mesmo modo. No entanto, não demoramos a perceber que estamos diante de um caso muito distinto, que estamos diante de um livro excepcional. Porque, uma vez que, como leitores, lançamos mão dessa habitual suspensão de certezas prévias, uma vez que aceitamos descrer no já sabido para poder crer de outro modo, nesse espaço agora despojado *Eisejuaz* prefere não pôr nada. As crenças demovidas não encontrarão seu substituto no mundo da ficção. O que *Eisejuaz* oferece em troca é um estado de vacilação duradouro, que não se poderá – nem se desejará – resolver. Não se trata, evidentemente, daquele tipo de vacilação próprio do gênero fantástico ou do maravilhoso, que, quando este livro é publicado pela primeira vez, em 1971, já está tão fortemente codificado na literatura argentina, que pode até equivaler a uma certeza.

1. Martín Kohan é escritor, crítico literário e professor de Teoria Literária na Universidade de Buenos Aires. Autor de dois livros de contos, três de ensaio e sete romances. Foram publicados no Brasil, pela Companhia das Letras, suas obras *Duas vezes junho* (2002), *Segundos fora* (2005) e *Ciências morais*, que recebeu o Prêmio de Romance Herralde em 2007 e foi adaptado ao cinema em 2010.

O estado de vacilação em que *Eisejuaz* nos coloca e nos mantém é sem dúvida de outro tipo. Porque sua matéria é, justamente, feita de crenças, e seu dilema, em grande medida, é discernir em que se pode acreditar ou não. Sara Gallardo concebeu este romance a partir de viagens que fez à província de Salta, Noroeste argentino, no final dos anos 1960. Se essa experiência teve o poder de suscitar a escrita deste livro é sobretudo porque encontrou nela uma nova possibilidade para a língua. Trata-se desse "idioma meio inventado" que tão brilhantemente se nutre do laconismo parcimonioso da fala indígena e que tão brilhantemente Sara Gallardo transforma em outra coisa; essa língua que "a princípio parece difícil de entender", mas que "logo se aprende"[2]; essa ênfase insistente na negação (*"nada no había"*, *"nada no pasó"*, *"nada no hable"*, *"él tampoco no la tuvo"*, *"nadie no habló"*, *"nadie no contestó"*) e essa forma incomum dos reflexivos (*"se cumplimos años"*, *"se enfermamos"*, *"se vamos a morir"*), tão profundamente existencial e tão prodigiosamente literária. A afinidade que a crítica literária apontou entre *Eisejuaz* e a literatura de Juan Rulfo ou de João Guimarães Rosa encontra ali seu fundamento: o quão estimulantes as falas regionais podem ser para a exploração de novas formas literárias, desde que liberadas da pasteurização mimética do regionalismo costumbrista. Entretanto, existe em Sara Gallardo uma originalidade tão radical, que o mais justo seria inscrevê-la nessa categoria da literatura latino-americana dos livros que não se parecem com nada, que não se encaixam

2. Sara Gallardo. *Páginas de Sara Gallardo seleccionadas por la autora*. Editorial Celtia: Buenos Aires, 1987; págs. 152 e 153.

nem mesmo no cânone da heterodoxia finalmente estabelecida e que não aparecerão nem serão lembrados sem deixar de ser uma descoberta.

Aquela viagem que Sara Gallardo fez a Salta também a colocou em contato com um ambiente em que linhas sociais muito diversas se intercruzam, se interferem, convergem e se refratam ou se perseguem de modo muito particular. E *Eisejuaz* parece responder em grande medida a esta percepção: ali está o universo indígena, a presença da Igreja Católica, os gringos que exploram e se aproveitam. A partir de que perspectiva cabe abordar a questão das crenças em *Eisejuaz*? A pergunta é válida tanto para os personagens do romance como para seus potenciais leitores. É possível acreditar no que diz *Eisejuaz*? E é possível acreditar no próprio Eisejuaz, quando diz que acredita nisso? É verdade que o mais sensato seria ver na sua postura tão somente um delírio ou uma farsa, a degradação particular de um pobre alucinado. Mas ela não é menos verdadeira do que os outros regimes de crenças que aparecem no romance, mais sólidos e estabelecidos, mais severos e institucionais: o da missão de São Francisco, da igreja norueguesa e da fé cristã não são, por si sós, menos inverossímeis nem menos fabulosos.

O que Eisejuaz acredita ou diz acreditar é que Deus lhe enviou sinais. E ele procede, seguindo sua figuração de outro mundo, cada vez mais deslocado das coisas deste mundo. Elena Vinelli fala da "consciência mística (ou psicótica) de um índio mataco" e cita uma carta de Manuel Mujica Láinez a Sara Gallardo na qual fala de "um herói metade anjo, metade monstro"[3]. Esta é a cisão de Eisejuaz, se o considerarmos a partir de sua própria perspectiva ou de uma perspectiva externa, se decidirmos admitir suas crenças ou tomar distância delas: será um salvador ou um torturador, um santo ou um traidor, um místico ou um psicótico, um anjo ou um monstro conforme se pense ou não que é verdade aquilo em que ele acredita, conforme se pense ou não que ele acredita naquilo de verdade. Eisejuaz diz de si: "Não tenho duas palavras". E é verdade. Por outro lado, tem dois nomes: é "Eisejuaz, Este também" desde que foi eleito por Deus; e é Lisandro Vega, antes disso acontecer. Dois nomes tem, duas vidas tem: a que levava antes, trabalhando numa caldeira, capataz de um acampamento; e a que Deus, um dia, aparentemente lhe encomendou: salvar um homem, esperar novos sinais que possam ser enviados a ele.

Sara Gallardo havia levantado questões semelhantes nos livros que precedem *Eisejuaz*. Em *Enero*, seu primeiro romance, de 1958, havia um pecado indizível, o medo da confissão diante de um padre, o refúgio no silêncio, a tragédia de uma moça do campo cercada de fazendeiros ricos. Em *Pantalones azules*, de 1963, é um militante católico quem peca e não encontra a oportunidade de se confessar para um padre, até se ver forçado ao silêncio. Em *Eisejuaz*, estes mesmos elementos (a falta, a culpa, a possível redenção, a pressão da igreja, o silêncio inexorável) reaparecem, porém dispostos sob uma mudança visceral. Porque quem faz silêncio é Deus. E quem espera por sua mensagem é Eisejuaz, que tomou como certos seus sinais dúbios e agora se

---

[3]. Elena Vinelli. Prólogo de *Eisejuaz, La Biblioteca Argentina*. Barcelona, 2000; págs. 6 e 8.

angustia pela presença de seu mutismo. A metade monstruosa desse anjo, a parte psicótica desse místico que é Eisejuaz talvez esteja cometendo um pecado contra o homem que ele levou para obrar sua salvação. Mas quando grita ao Senhor: "Se fiz pecado contra você, me avise", Deus permanece terrivelmente calado: "Não houve resposta."
Calar, não falar, nada dizer é a coisa que mais faz Eisejuaz. À imagem e semelhança de Deus. Os livros de Sara Gallardo transcorrem sempre nessa faixa, que prefere o não dito ao dito. Em *Enero* esse silêncio é opressivo, tão opressivo como o próprio campo; em *Pantalones azules*, alude a uma comunicação impossível, a que surge da confusão urbana; em *Los galgos, los galgos*, este silêncio se dá no ir e vir entre dois clichês da classe alta [argentina] – as propriedades rurais e as viagens a Paris –, engenhosamente alterados, desviados, descoloridos.
Em *Eisejuaz* o espaço é outro: um povoado de interior isolado pela chuva. E o recorte social também é outro (Leopoldo Brizuela defende que foi a pedido de Héctor Murena, marido de Sara Gallardo à época, que ela decidiu cruzar os limites da classe social predominante em sua literatura[4]). O mundo dos indígenas é um mundo de trabalho e exploração onde "o rio tem dono", onde é preciso enfrentar o avanço de uma nova ordem econômica: "Estão nos expulsando daqui. Precisam da terra para plantar cana". Mas é precisamente dessa situação que Eisejuaz desertará, atraído por outro tipo de salvação, por outra redenção possível. Um intento solitário, quase secreto,

---

4. Leopoldo Brizuela. Prólogo de *Narrativa breve completa*. Emecé: Buenos Aires, 2004.

abstrato, silenciado, em fuga, um intento que é apenas pura crença e ao mesmo tempo totalmente incrível.

Selado então por um duplo silêncio, o dele e o de Deus, Eisejuaz admitirá: "Minha língua ficou grudada". E, assim, estará falando de si próprio não menos do que deste romance. Surgido de uma língua que gruda, *Eisejuaz* brilha no extremo insondável de uma língua viscosa: vai dessa língua inusitada, forjada na estranheza, até o limite do que se cala, porque não há maior verdade que o silêncio.

Prefácio publicado originalmente na edição argentina de Eisejuaz (Buenos Aires: El Cuenco de Plata, 2013).

O ENCONTRO

Falei praquele Paqui:
— Procure não morrer. À tarde te ajudarei.
Tinha chovido muito aqueles dias e os caminhões não podiam entrar na vila. Os caminhoneiros praguejavam por causa da chuva. Praguejavam por tanta água.
Eu não conhecia o Paqui. Achei que estava morto, ali no barro.
Porém, me disse:
— Um dia é você que pode estar como eu.
Estava indo pra minha casa, do outro lado da serraria de dom Pedro López Segura, onde fui motorista quando tive os sonhos. Eu operava a caldeira naquele tempo dos sonhos, já passado. Estava indo pra casa e pensei: "Não será aquele que estou esperando?"
Por isso voltei atrás:
— Procure não morrer. À tarde te ajudarei.
Um caminhoneiro disse então:
— Praga ruim geada não mata.
Ele nem nada. Feito morto. Tamanha imundície. Cheguei em casa e disse ao Senhor: "Se for este, me avise." Três, dez vezes, vinte eu pedi: "Se for este, que eu fique sabendo." E nada não aconteceu. Nem a chuva parou. Pus o peixe pra cozinhar e

nada. Tinha um trabalho urgente, fiz meu trabalho. Fui buscar aquele Paqui.

Os caminhoneiros estavam na mercearia do Gómez esperando a chuva parar: "Lá vai o Vega." Outro: "Procurando um tesouro?" Nada não falei. Levava uma rede pra enrolá-lo, porque ele não podia andar.

— Está vivo? Vim te ajudar.

Não respondeu.

— Está vivo? Vim, como falei.

Não respondeu. Pensei então que tinha me enganado, que não era ele o enviado pelo Senhor. "Melhor pra mim — pensei. — Melhor." Ia me alegrar. Mas vi que ele tinha aberto um olho e que o fechou. Então eu o enrolei na rede e o carreguei nas costas.

Tinha muito barro. Caí. Aquele homem resmungou. Caí também de novo. Resmungou também de novo. Fiquei então cheio de barro. Tamanha imundície. Quando passamos pela mercearia do Gómez os caminhoneiros falaram: "Lá vai o Vega. Encontrou seu tesouro." E pro Paqui: "Vai de carroça, ô carniça."

Dei uma volta grande pra não passar pela serraria, cheguei em casa, deixei aquele Paqui num canto, esquentei a sopa de peixe, falei com o Senhor. Não soube com que palavras, apenas disse: "Aqui estou, aqui estou."

Choveu muito aquelas noites, choveu aqueles dias, já não havia roupa seca, nada não havia.

O Paqui era um estropiado, um paralisado, um doente. Eu não sabia seu nome. Tirei as roupas dele e pus junto do fogo. Tirei as minhas e pus junto do fogo. Mas a água entrava pela porta.

Ele disse:

— Um dia é você que pode ficar como estou.

Eu disse:

— Já estive sujo, agora estou nu. Quer mais o quê?

Ele disse:

— Todos vocês são sujos e nus. Um dia pode cair duro e se borrar nas calças. Ter fome e morder o chão. E ter mulheres só em pensamento. É disso que estou falando. Assim você pode ficar. Assim eu quero te ver.

"Aqui estou, aqui estou." Dei a sopa de peixe praquele homem e ele pegou no sono ali no canto. No sono, naquele canto.

Falei pro Senhor: "Não deixe que eu me arrependa."

No dia seguinte os caminhões entraram na serraria. Traziam cedro, quebracho, ipê, pau-santo, alfarrobeira, timbaúba, amoreira, pau-amarelo, pau-branco, cabreúva. Carregaram as tábuas e partiram pra Salta.

Tinha sol aquele dia, e a Maurícia Suárez desceu com as outras até a bica d'água. Eu estava com a minha moringa pegando água. E ela falou pra mim:

— As coisas vão mal. Quando volta?

— Não volto, Maurícia, você sabe. Diga ao teu marido que se ocupe.

— Meu marido não serve. Quando volta?

— Já sabe que não posso voltar. Já não volto praquele acampamento. Já não volto praquela missão.

— Nós tudo vai morrer se você não voltar.

Tampei os ouvidos e fui embora com a água. As mulheres riram. No caminho, falei pro Senhor: "Até quando tanta desgraça? Até quando?" Dizia pelos paisanos, tanta miséria, e por mim, tanto sofrimento.

O Paqui sempre dormindo no seu canto. Tive um pensamento: "Já não vi esse homem nalguma parte?"

Sou Eisejuaz, Este Também, o comprado pelo Senhor, o do longo caminho. Quando viajei de ônibus pra cidade de Orán, olhei e disse: "Aqui descansamos, aqui paramos." Ali meu pai, esse homem bom, ali minha mãe, essa mulher aguerrida prenhe de filho, ali tantos quilômetros partindo do Pilcomayo que nós fizemos a pés pela palavra do missionário. Ali meus dois irmãos. Ali eu, Eisejuaz, Este Também, o mais forte de todos. Olho e digo: "Aqui nós descansa, aqui nós para." Os lugares não tinham nome naquele tempo.

Vi esses lugares do ônibus uma vez, quando fui pra cidade de Orán pedir o primeiro conselho, naquele tempo em que tive os sonhos. Mas chegou um dia em que não fui a nenhuma parte: nem a Orán, nem a Tartagal, nem a Salta, nem trabalhei mais na serraria. Fiz a casa de sapé cruzando a linha do trem e esperei o momento anunciado pelo Senhor. Esperei aquele que iam mandar pra mim.

Paqui, no seu canto:
— Pra que me trouxe aqui, *che*? Me diz!
O fogo não tinha secado as roupas. Passei um jornal por baixo do corpo dele e outro por cima. "Já não vi esse homem nalguma parte?"
— Consegue mexer o quê? Mãos, pés? Diz o quê.
Começou a gritar:
— Eu não vou morar aqui, não vou morar aqui. Aqui não!
Dei pra ele a sopa e sacudi as roupas no sol. Gritou:
— Selvagem! Você não sabe quem sou.
Pendurei as roupas no vento e fui pra vila.
Na porta do hotel, dona Eulália. Ingrato, me disse. Acenei pra ela.
— Ontem foi seu aniversário. Se lembrou?
Eu não tinha me alembrado.
— Quinze anos você fazia no dia que te empreguei no hotel. Trinta e cinco fez ontem. O tempo passa.
— Nós que nasceu no mato não faz aniversário, senhora.
Ela falou:
— Não precisa ser agreste, meu filho, precisa é agradecer.
Naquela hora eu soube que era mesmo o Paqui aquele que o Senhor mandava pra mim, aquele que eu tinha esperado, e que podia tratá-lo como meu. Falei:
— Naquele tempo começava o segundo trecho do meu caminho, senhora. Hoje começou o último.
Dona Eulália me chamou incorrigível.
— Você sempre alto como a porta, largo como um cavalo, pobre Lisandro. O tempo passa. Olha eu, velhinha e pesada. Mas São José puríssimo não abandona seus cordeiros.

Falei até logo senhora. Dona Eulália: se trabalhasse de novo na serraria, se sesse motorista outra vez, se fizesse outro trabalho. "Não mais." "É feio ser preguiçoso, Lisandro. Você foi bom trabalhador." Mas eu segui meu caminho, e quando fiquei sozinho falei pro Senhor: "Era ele o enviado, aquele que você anunciou. Tá bom. Cumprirei. Tá bom."
Caminhei até o rio por dentro do mato pra não encontrar gente nem caminhão, e ergui os braços. E saudei o rio porque é irmão do Pilcomayo, e a tristeza me jogou no chão. Falei pro Senhor: "De onde tirou alguém assim, tão mau?" Do Paqui, eu falava. "Como pensou ele assim? Não deu pra ser de outro jeito? Por que pensou tua promessa desse modo?"
Chorei. "Não dava pra ser de outro jeito?"
Bati na testa e gritei:
— Não dava pra ser de outro jeito?
O Senhor brilhou no rio mas não falou comigo, sacudiu o mato mas não falou comigo.
— Aqui está Eisejuaz, Este Também, teu servo, e você não fala com ele? Já começou o último trecho do seu caminho, e você não fala com ele? Mas Eisejuaz, Este Também, foi comprado por tuas mãos. E no hotel, lavando pratos, ouviu tua palavra.
E assim chorei. O Senhor sacudiu o mato e me sorriu.
E voltei pra vila sem secar as lágrimas.
Os caminhões passavam pra Salta levando tábuas. "Deixou onde a bicicleta, Vega?" Levantei o braço pra dizer tchau. "Começou o trecho final", quis dizer. Ia caminhando e o barro deixou branco meu tênis.

Tanta mosca e tanto cheiro do Paqui saindo pela porta da minha casa. E não era a porta da minha casa, era a casa dos dois. Sem falar, tirei os jornais sujos, joguei água nele, sequei ele com capim, com papel, dei a ele o resto do peixe, o finzinho, o que sobrou do peixe. E não sobrou mais peixe. Gritou de novo:
— Aqui eu não vou morar, aqui não! Você nem sabe quem sou.

Comi fora da casa uma batata que eu tinha, pensando. Fora da casa, pensando: "Agora tem que trabalhar, Eisejuaz, tem que alimentar, tem que cuidar."
Levantei:
— Qual é o teu nome?
Fechou os olhos.
— Qual é o teu nome?
Começou a gritar:
— Não vou morar aqui! Aqui não! Aqui eu não vou morar, aqui não!
Busquei a rede, joguei em cima dele suja como estava, carreguei-o nas costas.
Deixei-o perto do córrego.
— Ei, me ajuda, cara! Me ajudem, não me deixem morrer!
Ali o deixei, embora caísse a noite.

Veio a Maurícia, e eu na casa.
— Maurícia, o que vem fazer aqui?
— Você sabe, oras. Você sabe o que vim fazer aqui.

Igual à irmã dela, pra turbar o coração. Linda, pra turbar o coração.

— Vá embora, *che*, teu marido vai te matar.

— Alguma vez você disse "teu marido vai te matar"? O reverendo quer que você vá. Ele que me mandou.

— Ele não te manda, *che*, vá embora. Não tenho duas palavras.

Se jogou no chão como fazia antes, igual a antes. Saí fora da casa. Falei pra ela:

— Vá embora.

Quis arranhar minha cara. Falei pra ela:

— Já começou o último trecho do meu caminho. Aquele que eu esperava já chegou.

Ela:

— Um dia vai te pesar o que você me fez.

Tinha a cara da irmã dela, e eu fiquei com o coração turbado, porque a irmã dela foi minha mulher e foi minha companheira e teve mais conhecimento de todas as coisas. Mas isso também terminou. E a Maurícia, essa moça linda, sempre nos invejou.

Quando a noite veio, desci até o córrego. Sentei pra ouvir o que aquele Paqui falava sozinho naquele lugar, e até a meia-noite ouvi sem entender o que dizia. Foi melhor: só maldades saíam da sua boca. E depois me viu, porque a lua tinha subido. E gritou:

— Outra vez!

Nada não falei.

— Estou com fome! Estou com frio!

Nada não disse. Olhei pra ele e não falei.

— Me matem, então. Me mate, você que nem sabe quem sou.

— Como é o teu nome?

— É Paqui.

— E o que é que você quer?
— Morrer, é isso que eu quero.
— Te mato agora.
— Pra quê? — assustado. — Não te sirvo de comida.
— Nós não come gente mas sabe matar.
— Não sou gente.
— Já sei.
— Sou uma carniça.
— Já sei. E o que é que você quer?
— O que é que quer você, grudado em mim desse jeito?
Aquela noite eu proseei com o Paqui.

Eisejuaz diz:
Entreguei minhas mãos ao Senhor porque ele falou comigo uma vez. Falou outras vezes, antes, mas usando seus mensageiros. Falou por seus mensageiros no Pilcomayo, quando fui menino e andei com as mulheres catando os bichos do mato. Falou por seus mensageiros na missão e o missionário me botou sete dias de castigo. Mas, lavando pratos no hotel, falou-me Ele próprio. Eu tinha dezesseis anos, era recém-casado com minha mulher. A água descia pelo ralo com seu redemoinho. E o Senhor, de repente, naquele redemoinho: "Lisandro, Eisejuaz, tuas mãos são minhas, dê-as para mim." Larguei os pratos. "Senhor, o que posso fazer?" "Antes do trecho final pedirei por elas." "Te dou já, Senhor. São tuas. Já te dou." O Senhor foi embora. Restou o redemoinho com a espuma do sabão brilhando. O Gómez, que tem bar, era garçom ali. Viu os pratos sem secar, secou e os levou sem dizer nada. Sempre teve medo de mim. Porque

eu, Este Também, Eisejuaz, arrastei sem ajuda a segunda viga do caminhão até o refeitório. A viga segunda de quebracho, grande qual quatro homens, eu sozinho, quando fizeram a ampliação. A viga primeira puseram há trinta anos, cinco peões da dona Eulália que carregaram. Por isso o Gómez não disse nada. Pela força que eu tenho. E se alguém diz que foram vários homens que carregaram a viga está mentindo. Gómez nada falou. Saí do hotel. Passei três dias sem falar, sem olhar, sem comer. Minha mulher:
— O que tem no teu rosto que eu não conheço?
Fui pro hotel. "Meu homem está doente. Não fala, não olha, não come." "Leve-o ao médico." Não fui. Não falei. Era o quarto dia.
Dona Eulália na nossa casa: "Como querem se civilizar? Ninguém vai morder vocês no hospital. Sempre a mesma coisa. Se não forem, não pago os dias faltados." Nada não falei. Minha mulher era boa, tinha conhecimento das coisas e chorou. Também não falei naquela noite, nem comi.
No quinto dia eu lhe disse:
— Tem água? Traz água.
Trouxe água. Era pouca.
— Aqui a água é pouca. Aqui não tem água. Você sabe.
Só tinha uma moringa d'água. Me levantei. Joguei essa água na minha cabeça e nas mãos. E não teve mais.
— Faz comida.
— Só tem um biscoito e duas batatas.
— É suficiente.
Comemos o biscoito e as batatas. Contei pra minha mulher:
— O Senhor falou comigo quando eu lavava os pratos.

— E agora? — disse minha mulher. — O que vamos fazer?

"O que vamos fazer?", é o que ela disse. Duas vezes o Senhor tinha falado comigo por seus mensageiros. Eu andava no mato catando bichos com as mulheres. Gafanhoto, formiga, lagartixa. Minha mãe me disse: "Você é grande, logo vai caçar com os homens antes de ter idade. Um dia será chefe." Uma mulher, mãe de meninos, ouviu e começou a gritar, bateu nela, se atracaram pelos cabelos. Minha mãe era forte e lhe quebrou quatro dentes. Veio o chefe, porque nós ainda não tinha ido embora. Ele veio e gritou alto, mas não o ouviram. Então ele ergueu a bengala e quebrou um braço da mulher que tinha batido na minha mãe: uma parte do osso saía por baixo e a outra despontava por cima. Todas as mulheres começaram a chorar e a gritar, e duas que eram velhas tentaram consertar o braço quebrado. "Ela quer te ver morto!", gritou a mulher. "Quer que o filho seja chefe!" Ficou feito morta. Crac, crac, fazia o braço. Os pedaços de seus dentes quebrados na terra. O chefe me olhou. Nada disse. As mulheres choravam. Ele ergueu a bengala pra bater na minha mãe e minha mãe não escapou, não pulou, não fugiu. Mas ele não bateu. Só falou: "Mal trocou os dentes e já quer ser chefe?" Nada falei. E ele gritou pras que choravam: "Silêncio!" Uma velha, que era mãe dele, levantou muito a voz. "Você quebra os ossos duma mulher e não podemos chorar?" Ele ergueu de novo a bengala. "Na tua mãe, sim, bata nela, quebre seus ossos — gritou a mãe velha —, mas não naquela que quer tua morte!" Ele

disse: "Tua cria mal trocou os dentes. Teu franguinho ainda não está emplumado."
Então um mensageiro do Senhor passou pra falar comigo. Era uma lagartixa. Mas com uma cor igual ao sol. Fui atrás dela, corri atrás dela. Cheguei a uma clareira. Não encontrei ela nessa clareira. Procurei e não encontrei.
Então, quando veio a hora da comida, todo mundo estava fulo. Os homens tinham voltado sem caça, a mulher do braço quebrado gritava uuui, uuui, e a minha mãe, apesar de não ser quem quebrou o braço, foi ameaçada. "Te mataremos." Meu pai quis bater na minha mãe também e ela não se mexeu, não fugiu. Havia muita fumaça, fumaça em cima da mulher doente, e fumaça das fogueiras porque a lenha estava verde. E todo mundo continuava fulo, e só se comia o que eu e as mulheres catamos: gafanhoto, lagartixa. Nós jogava na brasa, se retorciam, nós comia. E eu me lembrei da mensageira do Senhor que passou aquela tarde pra falar comigo. Era de noite já. No mato anoitece cedo. Corri buscá-la. Estava no tronco de um angico, brilhando. Nada falei, nem me mexi. Nem aquela lagartixa. "O Senhor vai te comprar — me falou —, você vai entregar as mãos pra ele." Nada falei. "O senhor é único, só, nunca nasceu, não morre nunca." Eu a ouvia. Brilhava. Disse: "Agora fale." Eu disse: "Tá bom."
Mas todos tinham saído me buscar com barulho, com luzes, com medo do jaguar. Caminhei e corri e cheguei aonde estavam e se zangaram. Meu pai: o que estava fazendo? Minha mãe: também. Nada disse eu.
De manhã me levaram olhar as pegadas. Fomos até o angico e vi as pegadas dos meus pés. E as pegadas do jaguar davam

quatro voltas em torno das minhas pegadas e depois as seguiam quando caminhei e quando corri. Eu não tinha visto ele. Ele não tinha me tocado. Desse dia em diante nada não me perguntaram.

    Sou Eisejuaz, Este Também, o do longo caminho, o comprado pelo Senhor. Paqui está aqui. Já sai o sol. Já sai o trem. O sino do trem, o sino do franciscano. Começou o último trecho do caminho de Eisejuaz. O carro do reverendo sai pra Salta porque é festa dos gringos noruegueses. Os filhos põem gravata borboleta pra festa e parecem cria de galinha. "Hoje é seu aniversário, Lisandro — diziam —, e depois de amanhã a festa do norueguês." Mas Eisejuaz não pode voltar pros noruegueses. Já terminou o segundo e o terceiro trecho do seu caminho.

    O trator do missionário gringo inglês soa e vai pra serraria. Os caminhões soam, bem cedo, pelo calor bruto. Paqui falou:

— Estou com fome e frio. O que é que você quer comigo, índio imundo? Me mate de uma vez.

    Posso tratá-lo como meu, é aquele que o Senhor me mandou. Por isso jogo-o na água do córrego. De meio-dia as mulheres do acampamento tomam banho e seus vestidos incham. Minha mulher tomava banho. Se divertia. Brincava na água com as mulheres e com os filhos das mulheres. A Maurícia toma banho. Minha mulher já morreu, mas as outras tomam banho. Paqui abre a boca debaixo d'água. Vai morrer já já.

    Eisejuaz, aquele que arrastou sozinho a viga do hotel, entregou suas mãos ao Senhor. O Senhor as deu ao Paqui, o paralisado, o inválido, o doente, tamanha imundície. Ao Paqui, aquela carniça. "Tá bom, Senhor. Não deixe que eu me arrependa." Botei ele na rede, fui pra casa de Eisejuaz. A casa que não é só de Eisejuaz. Pra secá-lo, pra vesti-lo, pra alimentá-lo.

OS TRABALHOS

Falei pro Cándido Pérez:
— Não sabe de algum trabalho?
Ele varre a praça, mete a mão no chafariz, tira as folhas.
— Estou procurando trabalho, agora.
— Nós não come, não trabalha direito. Assim diz o doutor. Nós não come, *che*, não tem força.
— Estou procurando trabalho, agora.
— E na serraria, não pode voltar?
— Já tem maquinista, agora. Não tem lugar pra mim.
— Na serraria teu patrão te queria.
— Não tem lugar pra mim.
— Nós não come, *che*. Por que não casa com a minha filha?
— Não posso casar, você sabe. Coisa do Senhor. Tua filha é boa, forte, é bonita. Não posso casar, *che*.
— Não pode casar. Sei. Está casado com um branco, um doente, um mau, um maldito. O povo está bravo. Você vai trabalhar pra ele. E nós não come, não trabalha, se adoece.

Falei pro Senhor: "Não deixe que o sangue me entre no coração. E não deixe que eu me arrependa."

Falei pro Cándido Pérez:
— Vou pescar, então.

— Não deixam mais o pobre pescar. Não está sabendo? O rio tem dono.
— Vou pescar então, *che*. Adeus.
Sei pescar no Bermejo, irmão do Pilcomayo, rio traidor. Levou gentes, animais, levou pescadores de Salta, nadadores, um trem ele levou. Eu sei onde pescar. Sei pescar com vara e com rede e com a mão e com a linha. De noite melhor do que de dia. Ali me espera o dourado grande. Pesquei. Esperei cinco horas por ele, vendo o sol subir e depois descer, e pesquei. Levo-o no carrinho de mão para vender.
— *Che* — diz o dentista, homem gordo —, quanto o dourado?
— Duzentos pesos, senhor.
— Que duzentos, o quê! Vem cá, te dou cem.
— Não, senhor.
Aí, os da ferrovia:
— Quanto o dourado?
— Duzentos.
— Lindo bicho. Tome.
— Obrigado, senhor.
O dentista comia demais. Foi e comeu. Misturou as bebidas e as comidas. Chegou em casa e morreu. Sua mulher foi dormir, o encontrou morto, gritou. A mulher era das gentes turcas, das gentes ricas. Gritou: "Quem vai me devolvê-lo agora?"
Foi levado para se enterrar naquele calor bruto. O irmão da senhora morreu no caminho, de terno preto, naquele calor bruto.

Dona Eulália manda dizer: "Preciso que me faça um trabalho no hotel."

No hotel tem um sabiá de Santa Cruz da Bolívia, mais assobiador que todo pássaro daqui, amigo do diabo. Não descansa.
— Lisandro, por que chega tarde, meu filho?
— Antes de sair o sol já estive na calçada.
— Lisandro, são dez horas, por que chega tarde? Vocês são uns espertos, meu filho. Uns malandros. Você não, mas os outros sim. Sabe algo do Benigno?
— Sei nada não senhora.
— Diz que está doente. Será verdade? O que você sabe, Lisandro?
— Doente deve estar.
— Mas você deve saber se está mesmo.
— Nós não come, se adoece.
— Nós não *comemos*, meu filho. Não comem porque bebem. Assim, adoecem. E não querem ir ao hospital. Já tem uma semana que o Benigno não vem. Estou velha, pesada, a vista nublando, ninguém pensa em mim: não limpam as gaiolas dos pássaros, não trocam as sementes. Minha língua gruda no céu da boca. Estou falando contigo agora e não te vejo. Minha boca parece algodão. Não me deixam tomar água porque engordo. Onze comprimidos diferentes eu tomo todo dia pra saúde. Estou falando contigo e não te vejo. Te conheço pelo tamanho, meu filho. Mas não quero morrer, viu? Por que será que ainda gosto da vida? Uma semana sem aparecer, o Benigno. E as galinhas, e o galinheiro, e os pintinhos, e as plantas. Preciso de você, Lisandro, porque você foi bom trabalhador.
— Tá bom, senhora.
— Já sei o que está pensando: eu, tão forte, no galinheiro. Com esses braços, com esse peito de touro, com esse pescoço

de boi. Tem que pedir paciência a São José, resignação a Santo Antônio. Você não se deu bem com os noruegueses, meu filho. Nunca te perguntei o que houve. Não pergunto agora, um dia você me conta, não vou forçar. Eu te falei para ir pro São Francisco. Mas vocês: pros noruegueses, pros ingleses, pro herege. Não me diga que agora vai com os ingleses. Bom dia, assobia o sabiá. Olá, assobia ele, um assobio mais alto que de todo pássaro daqui. Bom dia e nada mais. Olá e nada mais. Bom dia.
— Tua mulher era boa, meu filho, mas essas mulheres de vocês são muito fogosas. Limpam o hotel, e os viajantes... você sabe, meu filho. Está vivendo com alguma mulher? Não casou de novo? Se eles têm suas necessidades não tenho por que me meter, mas elas estão sempre dispostas, meu filho. Já sabe a história da Clorinda, sempre dormindo na cadeira. Olha, meu filho, você sabe onde fica o milho. Encha a sacola, então. Olhe só pra essas galinhas, quanto tempo faz que não comem? Por que não posso ser jovem de novo? As coisas não andariam tão mal. Sempre dormindo sentada, amamentando o filho. Com aquele peito tão grande que o afogava, nem percebia. Você lembra que peitos enormes tinha a Clorinda, meu filho? Afogava as crianças, nem reparava se comiam, caía no sono. Não faça essa cara feia, meu filho. É verdade o que estou dizendo. Duas crianças ela deixou morrer assim. De fome. Inanição, disse o doutor. Na terceira eu disse: não. Era moreninho, de olhos azuis. De algum viajante. Se eles têm suas necessidades eu tenho que fechar os olhos, o quarto que pagam é a casa deles, você entende, meu filho. Falo isso porque é pra você. Eu disse não, e gente rica de Rosário o levou embora: carro com motorista tem agora, só pra

ele, com dez anos. Gosto de fazer o bem, não sei por que. Sou assim, você me conhece. Olhe só a roseira, meu filho, se não dá dó. Não se casou? Por quê? Você é grande e forte, Lisandro. Tem que casar. Como pode viver sozinho, meu filho? Homem não é que nem mulher. Uma pobre mulher velha como eu pode ser viúva. Um homem como você, meu filho, precisa de mulher. Mulher boa, jovem, você entende, meu filho. Dizem que você virou agreste, como é que é isso? Não foi isso que os gringos te ensinaram. Ou ensinaram? Eu te falei: vai pro São Francisco. Te ensinaram isso? É isso que eles ensinam?
"Que o sangue não me entre no coração", digo ao Senhor. "Boa tarde e nada mais. Olá e nada mais." Sabiá boliviano amigo do diabo. Até do terceiro pátio se escuta.

— A Clorinda agora é uma pérola, sabe? Está em Salta, cuidando dos filhos de parentes meus. Já não dorme mais em cadeira.

— Nós não come, não trabalha direito, fica fraco.

— Vá até a cozinha, meu filho, que te deem alguma coisa. E depois tem que limpar as gaiolas.

— Já comi.

Na cozinha do hotel, lavando os pratos, o Senhor falou comigo. Apareceu no redemoinho. Agora não fala mais. Não fala nem me olha. Não fala nem me manda mensageiros.

A PEREGRINAÇÃO

Eu já estava só. Já tinha morrido minha mulher. Saí de casa, no acampamento do reverendo, de noite, por causa dos mensageiros do Senhor. Tem três alfarrobeiras juntas e ali eu ergui os braços:

— Anjo da anta, faça-me duro na água e na terra para aguentar a água e a terra. Anjo do tigre, faça-me forte com a força do forte. Anjo do xuri, deixe-me correr e esquivar, e dê-me a paciência do macho que cuida da cria. Anjo do sapo cururu, dê-me coração frio. Anjo do guaçuetê, traga-me o medo. Anjo do porco, tire-me o medo. Anjo da abelha, ponha-me o mel no dedo. Anjo do aracuã, que eu não me canse de dizer Senhor. Digam-me. Venham aqui. Acendam seus fogos aqui. Façam suas casas aqui, no coração de Eisejuaz, anjos mensageiros do Senhor. Anjo do tatu, pra descer bem fundo, para saber, couro de osso para aguentar. Anjo da serpente, silêncio. Venham, digam-me, acendam seus fogos, façam suas casas, pendurem suas redes no coração de Eisejuaz.

O reverendo ao lado da alfarrobeira.

— Como, reverendo, aqui de noite?

— Como você, Lisandro, aqui de noite?

— Tinha que fazer, tinha que rezar.

— Já te escutei. Tantos anos me enganando.
— Não engano, reverendo. Não sou homem de enganar.
— As coisas que te ensinamos, o caminho que seus pais fizeram, o batismo, para nada. Seus pais mortos, seus irmãos mortos, o caminho, para nada.
— Por mim se fez esse caminho. Eu disse: temos que ir.
— Você é um falso. Capataz de acampamento traidor. Vá embora daqui. Já vai cair no álcool, no fumo, na coca, no jogo, ficar doente, sem trabalho. Por ser infiel, traidor, mau cristão. Leve suas coisas hoje. Que amanhã o sol não saia para você aqui no acampamento, amigo do diabo, veneno da alma dos matacos, dos tobas da missão.

Pedi: "Que o sangue não me entre no coração."
Falei:
— Lisandro não é traidor. É bom cristão. Mas conheço os anjos do Senhor, os mensageiros do Senhor. Eu os conheço. Meus olhos os veem. Eles me amam. Fizeram seus fogos no meu coração, suas malocas no meu coração, penduraram suas redes no meu coração. Mas agora se vão. Eu os vejo indo embora. Já se vão.

Gritei: "Estão indo! Eu os vejo indo embora, se vão!"
Disse ao reverendo:
— Dê minha casa pra Maurícia e o marido. De minhas coisas não resta nenhuma, como sabe. Estou indo embora.

Levantei a voz, gritei:
— Reverendo. Um dia você me verá chegar e ficará grudada no céu da tua boca a língua que quiser me chamar. A morte virá pra você com golpes e ferros. Antes de morrer pensará em mim. Como o xuri caçado vê sua cria correr, tão pequena demais

pra viver, você verá teus filhos correrem e estará morrendo. Eisejuaz não poderá impedir, ninguém não poderá. Pulei, desci o morro. Passei pela bica d'água onde bateram na minha mulher.

— Bica d'água, não te amaldiçoo.

Pulei o córrego. Não me cuidei de víboras. Nem de ninguém. Pedi: "Mensageiros do Senhor, voltem. Voltem para que eu possa falar com o Senhor." Fiquei sem força. Fiquei doente. Sem força pra levantar, pra trabalhar na serraria. Debaixo de um quebracho. Ali eu vi as aranhas e uma bandeira que tinham tecido do quebracho até a cabreúva, e ali estavam todas, como estrelas no céu. Pensei: "Irão talvez tecer uma teia pro meu coração?" Eu não tinha força, nem pude abrir os olhos. Chorei: "O que eu te fiz pra que me tirasse teus mensageiros? Tenho agora que morrer." Vazio de mensageiros, o coração prestes a se apagar. Oca, a alma prestes a partir. Falei: "Tanto sofrimento e minha mulher não pode me aconselhar. O que eu te fiz? Pra isso me comprou?" Vi as aranhas como pássaros nas lagoas, como peixes que desceram pelo rio, todas juntas na bandeira tecida do quebracho até a cabreúva. "Irão tecer uma rede para pescar os mensageiros e grudá-los de novo no meu coração?" Mas ninguém não respondeu.

E assim a noite inteira.

Veio um homem com uma roupa branca. Era paisano. Mataco. A roupa branca que nem uma flor. Eu não o conhecia. Falou pensando que fui picado pela víbora.

— Não foi víbora, *che*, estou doente, não tenho força.

— Mandarei avisar lá na missão.

— Não volto mais lá na missão.

Ficou quieto.

— Não posso te deixar assim, mas também não posso chegar atrasado na escola.

Então eu soube quem era. E ele chamou sua gente, seus filhos, e foi embora. Vieram uns velhos, uma mulher, e não tiveram força pra me levantar. As crianças riam, os velhos lamentavam, mas ninguém pôde me mover. Fizeram um fogo perto do quebracho. A velha me deu água, perguntou: "O que te dói?" Não respondi. Um dos velhos, que andava manco, disse: "Tem que avisar na missão." Todos me conheciam mas eu não conhecia eles.

— Em lugar nenhum avisem.

A velha perguntou de novo:

— Em que lugar está doente?

Mas não respondi.

Quando deu meio-dia o homem moço voltou.

— Por que não o levaram pra casa?

— Não temos forças pra levar.

Ele tampouco não teve, porque era alto mas era magro, e pensou em pedir emprestado um carrinho de mão. Então um velho, que andava mancando, se levantou e falou com ele a sós: "Este homem é muito grande. Come muito. Não leve ele pra casa." O homem moço se zangou. "Vou levar, sim." E pediu pra sua mulher fazer comida naquele fogo que tinha perto do quebracho. Os filhos do homem foram buscar o carrinho de mão e a mulher trouxe uma lata cheia d'água, e na água a cabeça de uma ovelha.

— Se está doente não deve comer.

Assim falou o velho que mancava, e mancava por uma flecha que entrou no seu traseiro quando era pequeno e saiu pelo quadril, mas isso me contaram depois. Eu disse:

— Você tem o coração torto como as pernas. Não passarão trinta dias sem que o Senhor te castigue.

Ficou assustado. Mas vi que sem os anjos mensageiros do Senhor na minha alma eu não podia falar das coisas do Senhor, e vi que tinha falado da língua pra fora, e mordi a língua, e não falei mais. O sangue da minha língua escorreu e começou a sair por um canto da boca e pingou no chão. Aquela gente achou que eu estava morrendo. A mulher do homem moço levantou para buscar o marido e chorou, porque era boa. Mas eu disse:

— Não vou comer. Não preciso de nada. Só mordi a língua.

E no meu coração eu dizia ao Senhor: "Por que isso?" Era de dia e eu via tudo feito noite. Forçava os olhos e via escuro. Olhava e via preto. A alma já querendo escapar. Não tinha lugar pra ela, vazia como estava. Sem fogo, sem rede, sem casa pros mensageiros do Senhor, pronta pra partir, não tinha lugar pra ela no mundo sem os anjos que atam o mundo.

O fogo que tinham acendido perto do quebracho, ali onde eles cozinhavam, começou a soltar fumaça nas aranhas: umas corriam, muitas começaram a cair. Caíam no fogo, ou na terra, e a teia ficou preta e nem uma só aranha se viu ali. Eu disse: "Assim ficará minha alma como essa teia, e já nada haverá para pescar os mensageiros do Senhor, já nada a habitará, já está desfeita." Eu quis pôr a culpa no reverendo, mas não era culpa do reverendo. Eu não sabia por que os mensageiros do Senhor tinham ido embora assim. Me escapulia um choramingo.

Então o homem moço trouxe o carrinho de mão, e todos juntos puderam me levar até a casa. Não era de sapé nem de barro aquela casa, feita de lata ela era, e de pedaços de tabuão. Ali me puseram em cima da tábua, ali me cuidaram. Eu não comi, não me mexi, não olhei. Eles me cuidaram, eles avisaram o dom Pedro que eu não podia ir à serraria trabalhar.

O homem moço disse:

— Dom Pedro era nosso pai, o pai de todos os paisanos. Por isso o expulsaram. Por isso não é mais prefeito.

— Os turcos o expulsaram, os ricos o expulsaram, ele quis que nos pagassem o que era justo nos trabalhos.

O homem moço:

— Dom Pedro me deu trabalho leve quando soube que eu estudava na escola. Fui auxiliar, sentado na cadeira, dentro da prefeitura. Já me tiraram de lá. Em caminhão de lixo eu ando a tarde inteira até de noite. E a manhã toda na escola. A gente cansa. Aguenta pouco.

Falei pra ele:

— Não sabe fazer casa de sapé?

— Estamos aqui por um tempo só. Viemos da Missão Chaquenha. Quando eu for professor vamos voltar pro mato. Tem muita miséria no mato. Não tem mais o que caçar. Não tem mais o que pescar. Todos os bichos fogem dos barulhos, dos motores, dos barcos, dos caçadores, dos aviões. O povo morre de fome. Os paisanos têm que aprender a ler, aprender a trabalhar, todos estão morrendo.

Falei pra ele:

— E você, vai se acostumar no mato?

— Vou me acostumar.

Naquela noite o homem e a mulher e os filhos dormiam na tábua, e os velhos conversavam fora da casa. A mulher velha disse: "Quando fui moça, a víbora picou meu irmão no mato, longe das casas. Não conseguiu voltar a tempo. O bruxo muito que cantou, muito que pediu, mas meu irmão já ia morrendo no meio das casas. Todos os homens cantaram na noite com o bruxo pra salvar aquele que já estava morrendo, aquele homem moço, bom, irmão meu. O jaguar saltou. Levou meu irmão embora. Abriu um rastro largo pelo mato, meu irmão arrancou galhos marcando o rastro. Todo cão disparou pelo mato uivando, chorando de medo. Toda mulher, toda criança, quase todo homem entrou se arrastando nas casas. Era tigre cevado, que não trepa em árvore. Quatro homens o mataram a flechadas. Um era o pai de meu irmão, meu pai. Outro, o chefe. E mais outros dois. Trouxeram meu irmão. Até o chão balangavam as tripas dele. Morto como estava, ficou nele a cara do terror."

Falei pro Senhor:

— O que tua voz me diz por esta velha? Morto ficarei como o irmão dela? Morta minh'alma?

O homem moço levantou antes de amanhecer e disse:

— Você choramingou dormindo. Hoje trago o médico.

Falei pra ele: "Hoje fico bem."

Falei porque ele pareceu bom, e sua família grande, e a comida pouca.

— Não pode estar curado se não comeu nada.

Fora da porta, um velho disse:

— Vamos chamar aquela que cura, a que está na missão de São Francisco e cura sem que os freis saibam.

O homem moço se zangou:

— Sou cristão e você também. Aprenda a ter fé em Cristo. Porque Missão Chaquenha é dos missionários gringos ingleses.

— Esse homem doente é cristão também, só que de outros. É homem da igreja norueguesa. Por oito anos foi capataz da missão.

Quando o homem moço saiu pra escola, falei pra mulher dele:

— Se me emprestar um machado e o carrinho de mão que te emprestaram, faço carvão. Do que eu vender, te dou metade.

— Não está curado ainda. Não tem força pra machadar.

— Se me emprestar essas coisas eu me curo antes.

A mulher temeu por essas coisas que não eram deles, mas me disse:

— Primeiro levante, fique em pé preu ver.

Não pude ficar em pé. Fiquei curvado, apoiado num pau. "Vou assim mesmo." Então, mandou seus filhos levarem o carrinho de mão e o machado e uma moringa d'água. Caminhei curvado até a terra. Os filhos eram três. Não tinham trocado os dentes ainda. Deixaram as coisas onde eu disse e voltaram pra casa. E eu não tive força pra erguer o machado. Sentado fiquei. Disse ao Senhor: "Que pecado eu fiz contra você?" Mas ninguém não respondeu.

E também:

— O que você fez de Eisejuaz? O que resta d'Este Também? Um homem não pode viver assim!

Mas ninguém respondeu.

Me lembrei da lagartixa cor de sol, mensageira que disse: "O Senhor sempre está, sempre vive, nunca nasceu, não morre nunca."
— Mas você rancou Eisejuaz do teu manto. Deixou ele cair do teu colar.
Levantei:
— Conta que cai de colar se apanha com a mão!
Mas ninguém me respondeu.
— Um homem não pode viver assim!
Mas ninguém não respondeu.
Uma velha apareceu por ali. Eu não queria olhar ninguém, não falei com ela.
— Te vi ontem da minha casa, *che*, te vi hoje. Vim te ver.
Nada falei.
A velha pegou o machado.
— Quem que te deu esse machado, *che*?
— Solta esse machado.
— Quem que te deu esse machado?
— Solta esse machado ou eu faço você soltar.
Ranquei o machado da mão dela. A velha se zangou.
— Por acaso os donos são mais melhores do que eu?
Era do povo chahuanco, do botão verde no lábio.
— Te vi ontem da minha casa, *che*, te vi hoje. Vim te ver.
— Que casa é a tua?
— Por fora e por dentro você ficou seco. Posso te ajudar.
Nada quero dessa velha, amiga do diabo. Nunca a vi, nunca mais quero ver.
— Orgulhoso demais, muito soberbo seco assim como está. Para chefe nasceu e nunca será chefe. Para forte nasceu e está

sem força. Foi rico, com bicicleta, e nada te sobrou. Teve mulher e morreu. Aonde quer chegar? Vai perder o trabalho na serraria também. Acha que foi escolhido mas está pior do que a iguana, pior do que o tatu: nem toca onde dormir você tem, nem força pra cavar uma. Posso te ajudar e me faz cara feia.

Soube quem ela era.

— Você mora na Missão de São Francisco.

— Me conhece?

Nada falei. Era mulher ruim, amiga do diabo. Meu pai também benzia mas foi homem bom. Os fortes ele tinha que chamar, os mensageiros, os demônios que se escondem. Era homem bom e curou muitos. E, batizado no acampamento, não curou mais. Cantou quando morreu. Cantou seu canto de morte, de mataco macho, de homem mataco.

Falei pro Senhor:

— Vai deixar que ela zombe?

Mas a força não me voltou. Fiquei sentado. Outra vez pedi:

— Vai deixar assim as coisas?

Ela tocou no machado. Três vezes tocou e riu de mim:

— Carvão do bom, teu carrinho vai levar.

Riu de mim. Falei:

— Outro dia vamos nos encontrar.

— Outro dia. Eu sei qual e você não.

Assim, zombou ela. E foi embora.

No caminho, os três filhos do homem moço. Dois chorando. Um morto. No carrinho de mão, levo ele de volta pra casa.

A mulher do homem moço:

— Cristo não abandona, senhor Vega. Se tiver força, vá. Se não tiver força, fique. Meu marido já vem da escola, vai sofrer muito.

Veio o doutor:

— Quando o desmamou?

— Faz um mês, doutor.

Era o que trazia a moringa, aquele menino.

— Mosquito *Vinchuca* deve ter nessa casa, mulher.

— Tem, doutor, tem sim.

— Mas largue ele um pouco, pra que eu possa examinar.

— Tarde já é, doutor, tarde é.

Fora da porta, a velha pro velho:

— Nesse homem, debaixo do quebracho, eu vi o nariz da Morte, a boca da Morte. Perguntei pra ele: O que você tem? Que lugar te dói? Nada me respondeu. Dei água pra ele. Nada tinha. Só morte, mesmo.

— Bem que eu disse: não leve ele pra casa. O moço se zangou. Então eu soube o que perguntei pro Senhor quando falei: "O que tua voz me diz por essa velha que fala de tigre?" A morte salta, está assanhada, arrebata no meio das casas, ele tinha me dito.

Os velhos choravam alto. A mulher não. O homem moço chegou da escola, olhou o filho, tocou no filho. Caiu no chão sem falar, feito morto.

Lá embaixo, na estrada, o doutor diz:

— Você não é o Vega, capataz da missão?

— Sou, doutor.

— Parece doente.

— Doente estou.
— O que está sentindo? Me dá essa mão.
— Sem força me sinto.
— Sem pulso. Ganha salário na serraria? Se alimenta?
— Ganho, sim. Me alimento.
— Eu me lembro da sua mulher, coitadinha. Quando você ficou doente? Por que não foi ao posto de saúde?
— Vou já, doutor.
— Hoje mesmo.
— Assim será.
— Aquela gente é família sua?
— É não, doutor. É mais que isso. Mais que isso é, doutor.

Meu amigo Yadí, Pocho Zavalía, meu irmão no mato, parado perto da mercearia.
— O que está fazendo aqui? Não trabalha na serraria?
— Estou aqui, oras.
— E a missão do gringo, lá em cima?
— Acabou pra mim.
— Melhor assim. Aquilo não é vida de homem. Sem fumar, sem beber, a meninada nem pode jogar bola. Sem dançar.
— Aquilo é vida de homem. Não fale se não sabe.

Naqueles dias o calor andava bruto na vila e sempre se ouvia a voz que diz: vão ao cinema, comprem sapatos. Até de fora da vila se ouvia, mais longe que a linha do trem. Ali a mãe velha de Yadí, Pocho Zavalía, boa tecedeira, ali sua mulher, seus filhos.

— Te vejo acabado. Doente, feio, magro, amarelo. Entre já em casa. O que você tem?
— Não entrarei. Aqui ficarei. Debaixo do pau-santo dormirei. Não sei o que sucedeu no meu coração: aonde eu entro também entra a morte.
— Algum mal te fizeram. E a bicicleta?
— Acabou pra mim.
— Você não tem filho, não tem mulher, não tem neto.
— Nada tenho, *che*. Não tenho nada. Nem força tenho mais.
Eu e o meu amigo Yadí, Pocho Zavalía, fomos irmãos no mato. Íamos escondido visitar os chahuancos, aquela gente brava, a mais brava. Éramos pequenos e nunca nos expulsaram. Vimos fazerem máscaras, vimos a pedra branca que serve de remédio, que os bruxos guardam em saquinhos e esquentam pra benzer. Meu pai não conhecia isso, não usava. Os chahuancos fazem veneno com banha de víbora e despejam na chicha: no dia seguinte o homem cai doente. Escondido a gente ia, eu e o Yadí, Pocho Zavalía, quando éramos pequenos, no mato. Ali aprendemos. Relembrando essas coisas ele faz máscaras, carrancas grandes, e leva pro hotel, pro Círculo Argentino, pra livraria. Faz o paisano com arco, o paisano carregando água na vara pelo mato, os paisanos lutando, mexendo os braços, as pernas. E sai pra vender.
— O que tem de comer? Venho vazio.
— Um punhadinho de macarrão. Dias ruins, estes.
— O Senhor vai me devolver a força. Já vamos comer vaca, bode, leitão, galinha, ovelha.
As mulheres riem.
— Quanto luxo, *che*. Daonde tanta riqueza?

Mas eu vi seu coração: assustadas, medrosas do meu coração sem mensageiros; com medo que um mal chegasse nelas. Por isso eu disse tchau.

Eu e o meu amigo Yadí, Pocho Zavalía, descemos de novo até a vila e ele vendeu na livraria um garfo de pau.

— Por que só dois dentes, amigo? Pago menos.

— Leve comida pro teu povo, *che*.

Mas entramos na mercearia do Gómez. Ali, tantos paisanos esperando. Ali, bebendo. Gómez fala: "Vega, quanto tempo! E a serraria?" Nada não respondi. "*Burritos*", falou meu amigo Yadí, Pocho Zavalía. *Burritos* Gómez nos serviu e *burritos* bebemos.

Chegaram três carros de Tartagal. Desceram sete homens. Um falou, com a baba salpicando mentiras, aquele um com quatro caras:

— Quantos amigos paisanos aqui! Bebam todos. Por minha conta.

Ele disse:

— Amigos, tenho a amizade de dez caciques. Vocês já sabem quem sou. Conhecem o cacique Carcará, o cacique Tigre? Amigos meus. Aqui estão.

Ali estavam. Ele disse:

— Como enganam vocês, em que miséria vocês vivem... Esperam o quê, lá fora da porta? Um bico! O bico não vem. E quando vem, quem bota o preço? Quem paga. Duzentos pesos um carrinho cheio de lenha pra carvão, cortada por vocês, buscada por vocês, trazida por vocês. Doentes, vocês estão. Seus filhos, seus netos morrendo a cada dia. Alguma vez ficaram doentes na mata? Até os velhos tinham saúde lá. Digam se não é verdade.

— Verdade — dizem todos. — Era verdade.

— E bebem *burritos*. O dinheiro não dá pra comer, tem que beber. Outros bebem cana, bebem whisky, bebem genebra; os paisanos bebem álcool de farmácia com um pouco d'água, *burritos*. Agora, digam: Quanto devem pro amigo Gómez? Tudo o que nem ganharam ainda. E está certo, amigos, não se zanguem com o amigo Gómez, fiquem tranquilos. Bebem para esquecer. O paisano era o dono da terra, todos usam ele. Os gringos usam ele, ensinam a falar línguas gringas, a rezar para outro Deus. Todos usam ele. O paisano tinha que ser cidadão de honra da pátria argentina. Estou aqui pra isso, e também meus dez caciques amigos e todos os homens deles.

"Viva dom Omar!", disse um homem falso, toba de raça, que andou de missão em missão e se aproveitou dos gringos ingleses que ensinam marcenaria, se aproveitou dos gringos noruegueses, se aproveitou dos franciscanos. Gritei pro homem de Tartagal:

— Você mente, quer política. Quer voto. Você tem patrão. O gringo ensina a falar em castelhano, fala do Senhor invisível. Você mente.

Meu amigo Yadí:

— Está bêbado, senhor.

O cacique Tigre:

— Traidor.

Carcará:

— Traidor.

Todos:

— Traidor.

Gritei: "A força voltou pra castigar vocês." Ergui uma mesa em cada mão e pelos pés fiz elas tombarem. "Carcarás comedores de tripas, mentem pro paisano, usam o paisano, esquecem o paisano. Já sabemos. Já vimos. Não importa. Só uma ajuda existe: daquele que alimenta os corações." Yadí falou: "Vamos embora." Cantei: "Um barro aqui eu farei com a maldade, um barro com meus pés, uma planta nascerá e eu a cortarei; uma flor sairá e eu a queimarei." Cantei mais: "Acabou-se o tempo nosso, mas não importa. Amassem seus corações, façam uma moringa, encham ela d'água, mensageira do Senhor." Ninguém falou. Ninguém se mexeu por causa das mesas cortando o ar. Chegou a polícia. Me bateram por trás. Bateram no Yadí, Pocho Zavalía. Nos levaram.

Naquela delegacia também se ouve a voz que diz: "Vão ao cinema, comprem sapatos." Diz agora: "Eisejuaz, Eisejuaz, Lisandro Vega." E eu: "O que foi, Senhor?" Ninguém me respondeu.

Diz outra vez: "Vão ao cinema."

E a força de novo se retirou de mim.

Nenhum dos anjos mensageiros do Senhor voltou.

E eu disse: "Nessa prisão esteve minha mulher no dia em que bateram nela perto da bica d'água. Mas eu passei e disse: 'Bica d'água, não te amaldiçoo'. Isso não conta pra que você me olhe, Senhor? Falei pra minha mulher: 'Se nesse calabouço você sofreu e pensou no teu homem e é verdade que você está com o Senhor e não precisa mais de mensageiros do Senhor, faça ele me responder'."

Naquela noite ela me mandou um sonho.

Sonhei que entrei na serraria aquela noite pra dormir no galpão, perto da caldeira, porque é verdade que não tenho mais casa onde dormir. E estavam ali os troncos e as tábuas que cortamos, tabuões e tabuinhas para caixotes e tudo o mais. Ergui os braços e cantei: "Anjos mensageiros dos paus, fiquem em mim, façam seus fogos, pendurem suas redes no coração de Eisejuaz. Angico, sendo casca faz água-forte, curte os couros, segura as vigas do telhado, eu conheço teu segredo de semente, meu pai soube o teu segredo e o cumpriu, você levou a alma dele passear, buscar seus mensageiros ocultos, aqueles que curam. Angico-preto, este que não lasca, que nunca rache também o meu coração. Angico-vermelho, este que lasca, rache o meu coração para que se abra, para que receba o Senhor. Timbaúba bom pra água, pra chalanas, que meu coração saiba flutuar nas águas do Senhor, que não pese, que não afunde. Timbaúba enfermiço pra fazer casas, que o coração de Eisejuaz saiba flutuar sem saúde, sem paz.

Conheço dois paus que são fogo, um cipó de folhas miudinhas, esse com flor, esse *nichauk*. Esses que são fogo que venham, vivam em Eisejuaz, pendurem suas redes, ergam suas casas na língua de Eisejuaz.

Digo ao quebracho-vermelho: e esse verme? Digo a ele: E esse branco, esse grosso como o dedo, esse que caminha até o teu coração? Não era duro como a pedra, você? Agora entendi como os anjos mensageiros do Senhor vêm misturados, ensinam a viver misturados, quebracho-vermelho. Um ano depois de serrado eles vêm da ferrovia te ver; contam cento e vinte e oito buracos de verme e não te querem; cento e vinte e sete e te compram. E você não é duro como a pedra? Misturados eles vêm, ensinam a viver misturados, anjos, enviados, filhos do Senhor que é só, quieto, que vive sempre."

Acordei daquele sonho que minha mulher me mandou e disse ao Yadí, Pocho Zavalía, no calabouço:

— Minha mulher me mandou um sonho.

Mas ele dormia. Um outro que estava ali disse:

— Mataco fedorento, vê se cala essa boca.

Disse porque me viu sem força. E eu disse:

— Você fala assim porque me vê sem força. Fala assim porque não sabe quem sou. Mas eu sei quem você é, e que matou um, e que amanhã te levam pra Salta e que vai morrer em Salta, velho e maldiçoado.

Era um homem moço, já estava quando nos meteram ali. Agora era de noite e nada se via.

— Grande novidade, botaram foto minha em tudo quanto é jornal. Matou um, você diz? Não matei um. Matou um? Matei foi uma, aquela velha que foi minha mulher, que deixei quatro anos trancada, que comia o que eu jogava no chão, que ameacei cada dia, desse lado do cangote, do outro lado do cangote, e então cortei aquele cangote, fiquei sem diversão, foi isso, e me botaram em tudo quanto é jornal, foto do lado da cama, do lado da porta, do lado da casa, se não leu é porque não sabe ler.

— Sei, sim. Me ensinaram. Mas não leio. Não leio não.

— Podia ter olhado. Uma gentarada olhava, quiseram me matar.

Meu amigo Yadí, Pocho Zavalía, falou:

— Assim não dá pra dormir.

— Minha mulher me mandou um sonho essa noite.

— Bom ou ruim?

— Foi bom.

Então ouvimos uma voz gritando na nossa língua. "É a minha mulher", disse Yadí. Trepou no meu ombro, gritou pela janela: "Estamos bem, estamos bem." Aí entrou o policial com uma luz. "Querem escapar." Nos bateram, nos deixaram mal.

Agora o sol saiu para um dia triste. Dom Pedro López Segura veio falar comigo.

— O que houve com você, Vega?

— Não estou mais na missão, dom Pedro.

— Pena, Vega. Lá seguem as ordens do médico, não tem vício, é bom para vocês.

— Já acabou pra mim, senhor.

— Mas o que te aconteceu, oras?

— Doente estou, sem força pra nada.

Aí o policial falou:

— Estava de pileque, girava uma mesa em cada mão. Insultou o senhor Selim, de Tartagal.

Aí dom Pedro, quieto.

— Quero trabalhar. Quero voltar pra serraria. Mas não acho força no meu corpo.

Dom Pedro López Segura não quer falar comigo na frente daquele policial. Andou um passo, me disse:

— Vega, todos passamos maus bocados. Olhe só para mim. Você lembra quando fui prefeito, como ajudei vocês. Lembra da piscina que eu mandei abrir lá em cima na missão, dos caminhões subindo com a água. Lembra quando você e o velho

Torres foram representantes. Lembra quando eu quis que os donos das fazendas pagassem o que deviam. Lembra quando fiz a escola lá em cima e quantas crianças foram. Lembra como os turcos e os donos das fazendas se uniram para me prejudicar. Você soube quando os jornais disseram que eu era inimigo da comunidade. Me viu expulso do cargo, viu a piscina vazia, a escola vazia. Viu quando ninguém me cumprimentava nessa vila. Estou te dizendo, Vega, é preciso ter paciência na hora do aperto. Se você sofreu muito eu te digo que também sofri muito. Mas tem que aguentar, não tem que ficar bravo.

Fiquei sozinho naquele calabouço. E a voz que diz "Vão ao cinema, comprem perfume na farmácia" soava sempre até a meia-noite. De novo falou: "Eisejuaz, Eisejuaz." "O que foi, Senhor?" "Durma cedo."
"O senhor vai me mandar um sonho." Fui dormir antes de me trazerem comida. Mas não dormi. E aquela voz: "Vão ao cinema."
Depois trouxeram a comida, e comi. Jogaram vários homens lá dentro. "Fede a índio." Xingaram, gritaram. Eu, tentando dormir. E quando dormi, não sonhei.
De novo abrem a porta:
— Vá embora.
Me tiraram porque vinham chegando mais homens, da ferroviária, que tinham brigado, com muito cheiro de vinho. Lotavam o calabouço.
Fiquei fora da delegacia, e já tinha passado da meia-noite. Dei risada: "Esta foi sua casa, esta a mulher que você teve pra

cozinhar, Eisejuaz, capataz da missão, filho de seu pai." O policial que estava na porta:

— Está rindo de quê?

Não respondi. Fui dormir na beira da escola. E não tive sonhos. Mas me foi enviado um pensamento: visitar Ayó, Vicente Aparício, em Orán.

Ali eu me ergui antes de nascer o sol, antes do zelador da escola acordar, e fui sentar num banco da praça.

Fiz blé e caiu um verme do meu nariz e começou a andar pelo banco. Olhei pra ele. Fiz blé outra vez e caiu um verme do meu nariz e andou pelo chão. Pensei: "O que é isso?" E falei: "Os vermes já entraram no filho caçula do homem moço, o que levou a moringa, o que morreu por minha causa." E chorei. Disse: "A pés irei a Orán. Não de trem, não de ônibus. A pés. Quem sabe os mensageiros voltem pra minha alma."

Um homem de óculos, com barriga, mas não velho, parou-se e falou-me. Era gringo.

— Amigo. Te daria uns pesos. Te traria a *chiripá*, a *vincha*, o arco. Deixaria eu tirar uma foto sua?

Nada falei.

— Não se zangue. Você é grande, forte, mataco puro. Sabe que tem uma foto do Voyé no Círculo?

Nada falei.

— Com certeza conheceu Voyé, aquele pobre viciado em coca, que morreu de um tiro roubando galinha. Não era grande, mas soube erguer no ombro os dormentes da ferrovia. Agora sua foto decora o refeitório do Círculo Argentino, com a *chiripá*, a *vincha*, o arco, a flecha. Os ricos da vila comem ali e olham ele. Os turistas comem ali e olham ele.

Nada falei. O sino do franciscano soou.
— Tiro muitas fotos. Vou te mostrar.
Nada falei.
— Sou daqui, de São Francisco. Sou franciscano.
Mas vestia calça cinza, camisa cinza, e não o traje dos franciscanos. Gritei:
— Poderia ressuscitar os mortos e anda por aí tirando fotos?
— Sou um pobre homem que serve o Senhor, não posso ressuscitar os mortos.
— O Senhor não está contente com você.
— Por ele vim até aqui. Sou estrangeiro. Sou homem de estudos. Mas me trouxeram a essa vila.
— Não está contente com você. E outra coisa te digo: na tua missão tem uma mulher do povo chahuanco, uma velha, que faz maldade.
— Não deviam continuar se odiando aqui, como na mata. Devem fazer a paz.
Fui embora.

Na serraria, dom Pedro:
— Aonde vai se curar? Guardo seu emprego por quinze dias.
— A força já vai voltar, dom Pedro. Já tem que voltar.
— Tem parentes aonde ir? Tem dinheiro?
A senhora me chamou na casa. Cria pássaros de todo tipo, plantas de todo tipo, e dentro da casa tem flores azuis, verdes, amarelas, que ela limpa com sabão. Falou:
— Pobre Vega, já já vai sarar. Passe na cozinha tomar o café.

Pra ninguém eu disse: os mensageiros do Senhor se retiraram. Me deram café, leite, açúcar, pão, queijo, manteiga. E comi. Me deram um cigarro. E fumei.
E fui pra Orán a pés, sem nada, naquele calor bruto. Não pela beira da estrada, mas pelo mato. Eu via a estrada e os que andavam nela não me viam, nem os caminhões, nem os carros, ninguém. E no mato os pássaros, os bichos, os paus, os cipós pendurados lá em cima.

Aquela velha, aquela sem-roupa, a do cabelo tão crescido me disse:
— Já não faço fogo. Sozinha estou. Já não faço fogo.
Porque eu tinha acendido um fogo com meu isqueiro, e posto na brasa uma folha e em cima dela um sapo cururu grande como o meu pé.
Falei pra ela:
— Conheço porém dois paus que são fogo. Conhece não?
— Conheço sim. Não tenho é força pra catar. Conheço também aquela pedra que é fogo, preta e branca. Com um tiquinho de metal velho o fogo sai.
— Conheço.
— Mas já nada cato. Aqui me estou. Cato daquela fruta, daquela raiz, daquele verme gordo.
Aquela velha olhando o fogo chorou.
— É bom o fogo.
Ranquei uma pata do sapo e meio lombo. Dei pra ela. Chorou. Disse:

— Eu era criança lá no mato e me perdi no mato. Quieta fiquei. Ouvi assobios: gente inimiga, tobas, chahuancos catando alfarroba. Escondida, escutei. Só assobios, nenhuma palavra. Tive medo: sinais pra atacar, pra incendiar ali onde meus pais estão, pra roubar as mulheres. Escondida, espiei. Vi duas serpentes, caminhavam juntas, as maiores que já vi. Assobiava uma, e assobiava a outra, e caminhavam. Escondida, as segui. Caminhavam, entraram numa toca e a ponta de uma cauda sobrava pra fora. Tão grandes que eram.

Ela comeu e chorou.

— O que faz sozinho aqui, você?

— Vou pra Orán, pedir conselho de um homem ancião.

— E como não vai pela estrada?

— Conheço caminhoneiros, gente que passa, gente do ônibus, mas não quero conversa.

— Meu filho trabalhou numa obrage. Um quebracho caiu em cima dele. Morreu esmagado.

— Mulher, por que não vai até a vila, até a missão? Ali tem paisanos, tem fogo, casas de sapé. Não sou dali mas posso te levar.

— Nem roupa eu tenho. Vê isso? Foram peitos, tiveram leite. Morta já estou, acabada.

E assim, comemos.

— Te dou esta camisa. Quando voltar de Orán te buscarei. Quatro camisas eu tive, e olhe só pra mim.

A camisa lhe chegava até o pé. Deu risada, bateu palma.

— Homem que não ri: quem que você busca em Orán?

— Ayó, Vicente Aparício, um homem ancião.

— Que conselho você quer? Que conselho te deu?

— Foi no tempo que tive os sonhos, um tempo que já passou.

Eisejuaz diz praquela velha:

Fui soldado em Tartagal. Voltei e o reverendo me pôs de capataz na missão. Um sonho me veio naquele tempo. Por quatro anos, aquele sonho. A cada três noites, por quatro anos. Até cansar, aquele sonho. Sempre correndo, Eisejuaz, Este Também, sempre buscando. Viajando. Vindo de bicicleta de Tartagal. Subindo em ônibus, em trem. Procurando, Este Também, por lugares novos, por ruas, por uma cidade. Procurando no mato, do outro lado de um rio. Correndo, procurando sua mulher, Este Também, quatro anos, toda semana, três vezes.

Falei pra minha companheira:

— Vai me deixar, então? Será preciso te matar agora?

— Não é pensamento meu nem é sonho meu.

Minha mulher riu. Me fez rir.

Mas cansei. Busquei o homem conhecedor, amigo de meu pai, que vive em Orán. Busquei Ayó, Vicente Aparício. Fui aonde ele trabalhava, no posto YPF.

— Tal como é, não se descuide e se cumprirá. Tem que orar. Antes de uns dez anos você vai ver.

Falei pra minha companheira:

— Será melhor estar mortos até lá?

— Não sabemos — respondeu ela.

"Não sabemos" foi o que disse minha mulher.

Eisejuaz diz:

Guerra é ser capataz da missão. Puro zangar-se, puro gritar, puro brigar, puro mandar, puro sofrer a inveja de cada um.

Os anos se passaram e veio outro sonho:

Vi duas vacas. A grande entrando pra brigar. A pequena em sua fragilidade quer se esconder. Tremendo animal, a grande lhe crava os chifres, volta a cravar, a atropelar. Aquele ruído, aquela tal luta que assusta, e de medo eu subo num morro muito alto. Acordei na noite e aquele ruído continua no meu coração. Tinha acordado e o medo me faz tremer. Acordei e chamo minha mulher.

— Que sonho eu tive?
— Tal como é, hoje vai se cumprir. Não trema mais. Hoje se cumprirá.

Eisejuaz diz:
Naquele dia sete mulheres entraram na casa enquanto eu estava na serraria. Mandadas por aquela velha que brigou com a minha mãe no mato, a que perdeu quatro dentes, a do braço quebrado. Entraram na casa. Bateram na minha mulher. E a esperam lá embaixo, na bica d'água. Com pedras lhe agridem, lhe ferem, lhe derrubam. Molhada de água, quebradas as moringas, ali ela sangra na terra. Ali a polícia leva todas, a boa com as más, a ferida, a que chora com as que insultam, a que pensa em mim com as que querem me ver morto. De noite encontrei minha casa vazia, sem fogo. E de manhã soltaram todas, a boa com as más, sem justiça.

Nunca mais sarou. Não sarou, minha companheira Quiyiye, Lucía Suárez, não sarou mais. Seu homem com quinze anos de minha idade. Minha mulher com treze. Não olhou outros. Não teve filhos e chorou escondida. Teve conhecimento das coisas, soube da vida humana, disse "O que vamos fazer?" quando o Senhor falou comigo no hotel, lavando os pratos. Não sarou. Foi filha de tobas e matacos, minha companheira. Linda foi.

Ali eu vi toda coisa que vira naqueles sonhos. Meu patrão mandou ela pra Salta se curar. Vi minha casa vazia. Me vi correndo, Eisejuaz, Este Também, buscando. Viajando. Vindo de bicicleta de Tartagal. Subindo em ônibus, em trem. Procurando, Este Também, por lugares novos, por ruas, por uma cidade. Salta era aquela cidade, aquelas ruas, aquele lugar. E aquele homem que falou comigo no sonho saiu do hospital e falou comigo. Procurando minha mulher, correndo, trabalhando na serraria.

Não se curou. Um disse: é isso. Outro disse: é aquilo. Operaram ela, tocaram nela: é isso; aquilo. No fim vendi tudo, viajando, curando-a. Aquela bicicleta, aquele tacho, os tênis, o cobertor. E trouxeram minha mulher de volta pra morrer.

Então ela caminhou, engordou, riu.

Mas tinha que morrer.

No chão nós dormimos, em cima de papel. Rasguei minha roupa pra secar aquilo que escorria, aquele cheiro ruim. E depois papel, e depois nada. Descalço eu me vi, nu no trabalho, sem pão. Gritei pro Senhor: "Se fiz pecado contra você, me avise. E se não, o que é isso?" Clamei por fim. Não houve resposta.

Eisejuaz diz:

Dormindo, sem cuidá-la, nas noites eu me vi. Sem cuidá-la, cansado.

Uma noite: "Eisejuaz, Eisejuaz." Não me mexi. "Eisejuaz." Do chão levantei.

Morreu então. Estava morta.

Morreu, então, minha mulher.

Pulei aquele barranco, bati na porta do reverendo:

— Como foram essas coisas? Por quê? Como é?

— Por que os melhores têm de sofrer nós não sabemos.

Eisejuaz diz:

Ali fiquei, naquele acampamento, sem cumprir minha vingança. Podendo matar cinco, sete, dez, e fugir pro mato na noite. Sem cumprir vingança, naquele acampamento, de capataz eu fiquei. Porque Eisejuaz não nasceu pra essas coisas, comprado pelo Senhor antes de trocar os dentes. E meus primeiros dentes ficaram no mato. Onde ficaram, eles falam por mim. E os segundos dentes caminharam comigo. E voltarão à terra onde o Senhor disser, no dia que Ele escreveu em seu lábio, antes de guspir os mensageiros com sua saliva, saídos de sua boca para falar d'Ele.

Aquela velha de cabelo tão crescido, vestida com a minha camisa, se achegou ao fogo pra dormir. Eu, sentado, pedi: "O que você me disse com as palavras daquela mulher sobre as serpentes que ela viu em sua primeira idade?"

Naquele mato senti também os mensageiros dos paus. Falei pra eles:

"Amoreira boa, que não arde, amarela, que não esquenta a mão, boa de bulir com fogo, boa pra cabo de machado, de martelo, boa pra dormente na linha do trem. Freijó, frio na mão. Pau-branco, que não tem samo, que não esfarela, que se quebra, que esquenta a mão. Pau-amarelo, que não se quebra mas que esquenta a mão. Digam pra mim por que vem misturado, por que vem com nuvem, com sol, o segredo, a palavra secreta do Senhor. Guajuvira mensageira do Senhor, nunca grande, aguentadora do vento, espelho desse guaibi-branco. Pau-de-lança órfã de flor, não me doa, não chore, não diga 'por quê?' E esse que vai ficando leve com o tempo, esse pau poroso, que não pesa, que o sol não racha, bom pra arção, pra serigote, caça-cabaça.

E esse bom pra estaca quadrada, bom pra tirantes, esse ipê. E esse carvalho perfumoso, cinchona perfumosa, cedro perfumoso. Essa aroeira e esse quebracho que queimam, essa amoreira que não queima. Essa alfarrobeira que nunca desgasta, que foi cama de carroça, carroceria de caminhão, que é nanica, que não passa dois homens. E esse pau-santo verde, com perfume, duro como pedra, amigo do fogo, que queima molhado. Curem, venham, sarem, alimentem, segurem o coração de Eisejuaz. Paus, anjos dos paus, cada um com seu sabor na boca do lenhador, cada um com uma palavra do Senhor."

As luzes dos carros e dos caminhões passavam, mas não nos viam. Olhei a velha dormindo ao lado do fogo, respirando, e falei para o primeiro mensageiro, que é o ar: "Anjo primeiro, não desamarre sua rede, a rede que está sozinha no coração de Eisejuaz, até que eu possa chegar e encontrar os mensageiros dos bichos e me curar." Assim falei para o primeiro mensageiro, que é o ar.

Aquela velha se achegou muito do fogo buscando calor, e uma ponta da camisa se incendiou. Joguei terra e pisei nela.

— Não durma tão perto do fogo!

Acordou, viu a camisa queimada e gritou. Tirou-a e jogou-a no fogo. Fez-se uma chama grande e queimou. A velha ficou nua e chorou.

— Mulher desmiolada, mulher burra, o que você fez?

Mas ela chorou. Eu apaguei o fogo. Fui embora.

Os chaquenhos que acordaram quando saiu o sol eram três. Um me viu, o que tinha cantado, e me convidou pra comer na fogueira. Nada perguntaram e nada falei. Deixaram os cavalos debaixo da alfarrobeira, bonitos, sadios. Nada perguntaram e nada falei.

Comeram e comi.

Dinheiro traziam no cinto. Não falei. Doente eles me viram, não perguntaram. Vi a água boa que ia cair na roça deles, saindo do sumo de seus corações. Nada disse, me alegrei.

— Adeus, paisano. Melhoras, amigo.
— Adeus — disse a eles. — Obrigado.

No calor bruto, caminhei. E chegando ao engenho, perto de Orán, vi o *colla*. Estava na beira do canal, com suas mulheres e com seus filhos, lavando roupa, descansando de cortar cana, tomando banho. Ali, como aqueles pássaros no charco, e os peixes que pulam na rede, como aquelas aranhas na teia, tantos e tantas, o *colla* descansava. Não olhei. Tive medo do *colla*, gente estranha. Caminhei devagar, com minha bengala, naquela tarde.

Os caminhoneiros do caminhão verde vão freando na bomba de gasolina.

— Paisano, caiu seu isqueiro.

Caído do meu bolso, no chão, ao lado do meu pé enquanto eu tomava água.

— Eu compro do senhor.

Apanho meu isqueiro.

— Eu dou pro senhor.
— Não, homem, eu compro do senhor.
— Falei que dou pro senhor.
 Pegou.
— Queria comprá-lo, paisano.
 Dei meu isqueiro de cauda de tatupeba, que era de meu pai. E não tive mais camisa nem isqueiro. Não tive mais nada. Nem mulher, nem casa. Nem nada.

Uma mulher gritou, a noite já perto. Gritou numa língua que não conheço, ali onde estão as canas cortadas do engenho. A alma penada que corre pelo mato agitando as plantas e os paus, que no dia seguinte se vai olhar e está sem pegadas, a alma grita na noite como gritou aquela mulher chorando alto, berrando. Levantei pra olhar. Chorava sentada na terra, passando as mãos pela cabeça. E estava tosada, a cabeça inteira desde a testa.

Ali apareceu aquele homem amigo do Senhor, com cheiro dos pobres e dos cansados, aquele que é só pele e osso. Quis consolá-la. Vi as lágrimas nos olhos dele quando ralhou com todas numa língua que não conheço, com ela e com as outras que choramingavam ali, todas do orgulhoso povo chiriguano, menos o homem, que é gringo.

A mulher berrava, chorando alto, passando as mãos pela cabeça.

O homem depois me olhou. E eu o olhei. Me olhou e eu o olhei. Foi para as casas do engenho. Eu o segui.

Então vi aquela igreja que o homem rico fez para o Senhor no engenho. E fiquei com medo daquelas casas e daquelas ruas. E sentei perto das canas grandes. E esperei.

Apareceu o homem mensageiro do Senhor e me olhou.

— Precisa de comida, filho. Não comeu.

Falava comigo em espanhol. Nada falei. Só tinha tomado água naqueles dias.

— Venha comer.

Usava a roupa larga dos franciscanos, porém bastante rota. Disse pra umas moças me darem de comer. Uma respondeu de má vontade. Entendi o que disse, mesmo não sabendo a língua dela. Foi:

— Não sirvo mataco.

Porque o homem mensageiro do Senhor se zangou e disse em espanhol:

— Pois eu, sim. Com minhas próprias mãos eu sirvo meus irmãos.

Aquele homem cansado se levantou, buscou algo de comer na cozinha e trouxe pra mim. A moça chiriguana ficou de tromba e foi se trancar. As outras tiveram medo, mas pensavam igual a ela. O homem dos franciscanos mandou elas dormirem noutra casa, onde eles dormiam. E elas foram zangadas. E só uma com dente de leite, a do olho doente, não teve pensamentos de desprezo por mim.

Então a lua subiu e a vimos do quintal enquanto eu comia.

— Aqui era tudo mato. Ouviu falar do cacique Tatu Caru, Tatupeba Glutão, chiriguano forte, viciado em comer? Fomos amigos. Era um grande chefe. Aqui fica a escola que fizemos, aqui vivem suas gentes, suas famílias, em casas feitas por nossas mãos. Aqui somos felizes.

Falei pra ele:

— Vi um caminho saindo do teu coração. O que é?

Ele falou:

— Já acabou de comer?

— Acabei de comer.

Esse homem cansado me deixou dormir no quintal e foi dormir. E quando ainda era noite já vi ele na igreja, acendendo as velas. E olhei aquela igreja que o homem rico fez para o Senhor no tempo antigo. Mas falei:

— Vi um caminho saindo do teu coração. O que é?

Ele falou:

— Estão nos expulsando daqui. Precisam da terra para plantar cana. Mas é melhor assim.

Eu falei:

— Vi um poço d'água saindo do teu coração. O que é?

Ele falou:

— O dia que tivermos um motor pra tirar água daquele terreno aonde vamos, aí sim poderemos ir. As crianças, as escolas, as casas, as mulheres, os homens e os velhos.

Chegaram mulheres à igreja. Falei praquele homem dos franciscanos:

— Sigo meu caminho. O que poderia dizer pra mim?

Ele disse:

— Filho, um animal demasiado solitário devora a si mesmo.

Caminhei por aquele caminho que vai do engenho até Orán. E lá eu pensei nas duas serpentes. Assobiavam alto, estavam felizes. Eisejuaz vai calado, sozinho e com tristeza. Do engenho até Orán, agachado, com aquela bengala.

Um homem espera o ônibus que vai do engenho até Orán. Ria sozinho. Olhou pra mim e olhei pra ele. Ficou sério. Sentei na valeta. Mas passavam aqueles caminhões do engenho, grandes feito casas carregadas de cana, e não vinha ônibus nenhum. Aquele homem malvado esperou o ônibus. E veio o ônibus, e aquele homem partiu com sua malinha.

Caminhei pelo caminho que vai do engenho até Orán.

E uma nuvem que era verde como a língua que nenhum olho pode ver se ergueu por cima da cidade. Não falou palavra nenhuma. Se ergueu por cima da cidade e ali ficou, falando com meu coração sem mensageiros. E eu soube que Ayó estava vivo e que o encontraria.

As ruas estavam quebradas e abertas até as veias que trazem água das cidades, e assim me recebeu a cidade de Orán, então eu disse: "Quebre minha superfície, minha casca, minha crosta, para que eu possa beber da água dos mensageiros que brota do centro do coração." Ali os homens trabalhavam e golpeavam o chão das ruas. E os canos d'água, que devem ser secretos, apareciam.

Mas a nuvem sumiu da minha vista e nada restou no céu daquela cidade de Orán. Caminhei até a casa do Aparício.

Nada disse ele da minha bengala nem do meu aspecto nem da minha nudez. Me viu parado na rua, falou com sua mulher e saiu pra rua. E caminhamos no calor bruto.

Ayó, Tigre, Vicente Aparício, o homem ancião. E eu, Eisejuaz, Este Também, o comprado pelo Senhor.

— Aonde foram todos aqueles que você recebeu?
— Aonde? Não sei.
— Os mensageiros do sangue quente e do sangue frio. Aonde?
— Não sei.

No calor bruto, chegamos a um lugar com árvores e sentamos para esperar a noite. Quando a noite veio, procurei na minha calça umas sementes de angico e lhe dei. Ele tirou um sapato e botou elas ali dentro. Procuramos uma pedra, um ferro, e achamos um pedaço da rua quebrada, uma lasca de pedra. E ele moeu as sementes de angico. Misturou esse pó com tabaco. E enrolou um cigarro. E olhou pra mim, mas eu não tinha mais o meu isqueiro. Então ele acendeu o cigarro. Sua alma saiu passear. Cantou:

"De que vale a baga, a alfarroba de abril? Já perdeu o gosto, já perdeu a maciez, mas ela não escolheu a hora de viver. Deve cumprir. Deve ser moída, alimentar o homem. Deve cair e semear. Deve cumprir.

De que vale o formigueiro que restou da derrubada, onde a terra é preta, onde vão botar a cana? De que vale? A formiga olha longe e vê tudo preto. Olha perto e vê tudo preto. Não tem folha, não tem capim. Deve cumprir. Não escolheu a hora de viver. Não escolheu seu lugar.

Não escolheu. Não escolheu. Deve cumprir. Oh, não escolheu. Deve cumprir.

Diz que aqueles chiriguanos ofereceram mistol, alfarroba. Devolveram favores. Aqueles matacos abandonados, toscos, brutos, pediram vinho, pediram álcool, só sabem pedir. Não escolheu. Não escolheu. Deve cumprir. Não escolheu."

Fumei com ele, minha alma saiu passear, cantou:

"No centro da terra está o viborão. Enrosca as raízes do mato. Dorme com elas. Ninguém escolheu, oh não, ninguém escolheu. Caiu a mata, morreram os paus, ninguém escolheu, oh não, ninguém escolheu. Só os paus cantam agora para Eisejuaz, só o ar. Deve cumprir."

Cantou Ayó, sua alma saindo passear:

"Vi as últimas mulheres que batem o barro e amassam, e amassam de novo e moldam a moringa, aquela que soa como o sino do gringo, aquela redonda como a mulher e o filho. E aquela alta com três panças. E aquela pequeninha que leva a

água pro mato. Moldam a moringa, e tantos homens vão e compram potes, vão e buscam latas. Mas elas têm que amassar, têm que fazer a moringa bonita, soando como o sino do gringo. Não escolheu a hora de viver, não escolheu, oh não escolheu. Deve cumprir.
Não choremos se o nosso tempo acabou.
Não choremos. Chorar pra quê?
Morremos juntos: o tigre, o mato, os rios soltos como os cabelos do Senhor, e nós."
Um carro parou e gritaram:
— Cambada de pinguço! Não se pode dormir!
Então ficamos quietos. Ayó segurou a minha mão. Soprou dentro da minha boca. Pôs de sua saliva na minha língua. Depois caminhamos voltando pra casa dele e passamos pelas ruas abertas daquela cidade, sem pedreiros porque era de noite.
Estava ainda zonzo aquele homem ancião, e sentamos na rua.
Depois me disse:
— Filho Eisejuaz, quando entregar tuas mãos vai ser outra coisa. O Senhor não te gosta sozinho assim, você vai perder a sede quando entregar as mãos.
Então eu vi aquele homem que tinha esperado o ônibus com a malinha: ali, entrando num hotel. E ele também me viu.
A mulher de Ayó, que é gringa alemã, tinha preparado comida.
— Não quero comer hoje — falei. — Tenho fome mas não hei de comer.
— Amanhã você vai comer.

Tive fome e sentei com eles e não comi. Chegou uma de suas filhas, que são inteiramente brancas e trabalham de empregadas na cidade. Comeu com eles e todos ficaram alegres.

Quando os mensageiros dos bichos voltaram pro meu coração, a força me voltou também. Caminhei rápido, sem a bengala. Foi quando saiu o sol. Saiu o sol e me tocou de longe. Então chegaram todos os mensageiros sem faltar nenhum, sem faltar os bichos da noite, inimigos do sol. Entraram todos de novo no meu coração, entraram pela minha boca e outros entraram pelo meu peito. O senhor os mandou de volta pra mim. Levantei os braços e disse: "Trouxeram suas redes, seus fogos? Estão aqui outra vez?" E agradeci ao Senhor que tinha mandado eles de volta.

Por isso caminhei rápido. Cheguei ali onde encontrei a velha. Mas não estava. Vi os rastros do fogo, o carvão mordido, comido, mastigado por ela. Chamei-a e ninguém respondeu.

Cansei de ser bom. Cansei de perguntar ao Senhor.

Voltei perto da bica d'água e esperei. Mas as mulheres passam sempre em grupos. Me escondi e esperei. A Maurícia passou com sua moringa e eu a arrastei. Todo dia ela fugiu depois pra me encontrar, tremendo de medo do marido, às vezes cedo e às vezes tarde, naquele lugar que eu conheço. Às vezes cedo e às vezes tarde, e tremendo de medo do marido. Na casa que eu fiz por minhas mãos pra morar com a minha mulher, na missão do gringo norueguês, ela mora com o marido. E a chuva entra pelo teto. Três anos duram esses tetos. Não cortaram sapé, não pensaram em catá-lo, não consertaram o teto. Homem o seu, agora capataz, que sempre serviu de pouco.

Eu também ia na mercearia do Gómez, e noutra mercearia dum galego que tem perto da casa onde aquele homem degolou sua mulher. E bebia *burritos*. Não tinha casa nem queria ter. Bebia aqueles *burritos* e dormia na beira do caminho, e não me cuidava de víboras nem de nada. Bebia e já ia saindo da vila. Não tinha vontade de comer nem me ocupava de comer. Levantava na beira do caminho e ia pra serraria sem me lavar, sem limpar a terra do corpo. Tinha ficado fraco pro trabalho, como todo paisano, que nunca tem o que comer. Uma noite botei meu salário numa tábua da casa do homem moço, depois voltei na mesma noite e peguei de volta. Apertei bem aquele dinheiro e enterrei. E ali deve ter apodrecido. E chorei.

Eu ia pra estação de trem e ficava olhando as pessoas. Olhando os paisanos, as mulheres com coisas pra vender ou sem nada. As moças doentes de andar com homens. Aquela que vestia calça e que nunca penteou a cabeça e que vai morrer. Eu ficava olhando. Nada pedia pro Senhor, nem falava com ele, nem tampouco ouvia sua voz.

Muito baixo estava o céu naqueles dias e naqueles meses, como uma nuvem por cima da vila e do mato. Minhas orelhas não ouviam a voz que diz "Vão ao cinema", nem a voz de ninguém, nem tampouco o barulho da caldeira, nem tampouco nenhum motor de caminhão, nem as serras da serraria, nem sino nenhum do franciscano, nem o trator do inglês, nem o chaquenho cumprimentando quando chega da roça, nem tampouco o coral do norueguês que sai pela porta nos domingos.

Maurícia, a moça que sempre sofreu de inveja por causa da bicicleta e também porque tivemos tacho e mais ainda porque sua irmã teve maior conhecimento das coisas, ela vinha e zombava.

— Cadê casa, cadê bicicleta? Cadê tacho pra cozinhar?

Eu não falava. Ela vinha tremendo. Ia embora apressada, tremendo de medo.

"Você é a pior de todas. Nem boa nem má. Não sabe odiar nem amar. Sem coração, sem nada. De todas, a pior." E ela se zangava e não vinha, aquela moça linda. E no terceiro, quarto dia, vinha outra vez. Eu estava na mercearia. De novo ia embora escondida, correndo. Eu olhava as pegadas. Aparecia de novo no dia seguinte. Eu a esperava. E às vezes a caçava por aí, quando não estava me esperando.

Dom Pedro me chamou. Sua senhora ali, cuidando das flores que ela tem dentro de casa, limpando essas flores com escova e com sabão.

— Agora sim vão dizer que o paisano não se emenda. Que não tem jeito nem remédio. Nem o melhor aguentou, vão dizer. Espero todo dia que você pare de beber.

Atrás da mercearia do galego eu passei muitas horas dormindo por causa do álcool debaixo de uma árvore, sábado e domingo, e já era de tarde. Eu dormia e ouvia vozes. Dormia e ouvia silêncio. Muitas horas passei dormindo. E acordei.

Ali perto, aquele velho que mancava por causa da flecha que entrou no seu traseiro quando era pequeno. Me viu acordar e esperou. Nada não lhe falei.

Me falou:

— Vim te pedir uma coisa.

Não falei. Outra vez ele disse: "Pedir uma coisa."

Nada falei.

— Você me disse: não passarão trinta dias sem que o Senhor te castigue.

Não falei.

— Venho te pedir que pare o castigo.

Nada falei. Aquele velho ficou me olhando.

— Me deixe. Aquele castigo não pode vir em você. Eu não tinha a força do Senhor.

Aquele velho:

— Castigado estou. Venho te pedir que pare o castigo.

O velho passou as mãos no rosto. Muitas vezes. Passava as mãos no rosto. Me olhava.

— Vá embora daqui, anda. Não tenho duas palavras.

Aquele velho não se mexeu. Sempre me olhando.

Então eu levantei fulo. Saí. Aquele velho atrás de mim com sua manqueira.

— Velho, vou bater em você. Me deixa em paz.

Aquele velho ficou quieto.

Continuei caminhando. Voltou a me seguir.

— O que quer de mim, você?

— Que pare o teu castigo.

— Já falei que aquele castigo não vem de mim. Eu não tinha a força do Senhor.

— Aquele castigo veio em mim. Peço que pare.

— Velho, não tenho duas palavras. Não tenho paciência.

Caminhei de novo e aquele homem atrás de mim.

Ergui a mão pra mostrar minha raiva. Cobriu a cabeça. Me olhou.

— Não entende o que estou falando? Não tem orelha pra ouvir? Foi da língua pra fora. Eu não tinha a força do Senhor. Aquele castigo não vem de mim.

— E agora, tem a força do Senhor?

— Tenho o coração seco e também cego. Surdo também pra pedir.

O velho cobriu o rosto com as mãos, passou as mãos pela cabeça.

— Homem grande, escute o meu pedido.

— Me deixe.

— Escute o meu pedido.

— O que você quer?

— Minha filha está morrendo no hospital. Venha comigo. Faça ela sarar.

Falei:

— Lá eu não volto. Naquele hospital não piso. Não cheguei perto daquele hospital desde um dia que sei.

O velho passou as mãos pela cabeça, e ali aonde fui, ali me seguiu. Então fui com ele praquele hospital que conheço muito bem, até a sala das mulheres.

A enfermeira velha, Margarita, pra filha do velho:

— Vá estrebuchar em outro canto.

A filha de oito anos. Já sem ar.

O velho com a cabeça baixa. Não tirou o olho do chão. Olhei pra velha. Ela me viu. Disse:

— São José puríssimo, bendito Santo Antônio, salvem essa menina. A Virgem sabe como eu me aflijo por meus doentes. Como vai, Vega? Parente sua?

Continuei olhando pra ela. Tirou do peito várias medalhinhas, beijou-as.

— Santos do céu que conhecem a minha alma aflita. Como sofro por meus doentes. Vinte anos neste hospital, vinte anos que não vivo de tanta aflição. Rezando noite e dia pelos meus doentinhos.

Ainda continuei olhando:

— E pelos paisanos... — falou.

Mas não falou mais. Saiu apressada.

A filha do velho com a respiração comida como tantos de nossos paisanos. Já estava morrendo.

— Isso que você ouviu essa mulher dizer, tem que contar pro doutor.

Mas o velho tinha medo.

— É assim que nos tratam por causa desse medo. É assim que morremos.

— Cure a minha filha.
— Não posso curar.
— Homem grande, tire o teu castigo. Eu pago.
— Não é castigo meu. Já te disse.
— Busque a força do Senhor. Chame por ela.
— Não tenho, não posso fazer nada. E agora me deixe, *che*.
Quis agarrar minha mão. Empurrei-o. Caiu ao lado da cama, e a filha abriu os olhos e olhou.
Fui embora. Vi um vidro de álcool na bandeja da enfermeira e peguei pra mim. Aquele velho me seguiu. Foi me agarrar pela perna e eu o empurrei. Ficou no chão, aquele velho.
Fui pra um lugar que conheço e fiquei ali tomando aquele álcool. E a noite veio.
A noite veio com tanta escuridão ali. Tanta negrura que descia e se esticava e também crescia. Tanta escuridão naquele calor. Fiquei sem ar no peito. Não entrava nem saía. Quis gritar e não tive voz. O primeiro mensageiro já tinha se retirado, se apagou. Fiquei em pé e ele não entrou nem saiu. Agarrei meu cangote e o ar não saiu nem veio. Caí com o joelho no chão. Com a cara no chão. Todos aqueles barulhos que eu não ouvi, a voz que diz vão ao cinema, o barulho da caldeira e o das serras na serraria e também o sino do gringo, e também todos os mensageiros dos bichos que tinham voltado, gritaram todos, todos gritaram na minha orelha. Mexi os braços. Gritaram todos. Palavras que não entendi. O ar comido. Apagado, já. A língua pendurada pra fora. Grudada na terra do chão, essa língua. Esse nariz, sem ar. Já se vai terminando Eisejuaz, Este Também.
E o primeiro mensageiro olhou de novo. Disse: veremos.

Os mensageiros dos bichos e as outras vozes gritavam, todos gritavam ainda suas palavras que não entendi.

Voltou devagar, enfiou um dedo na minha boca. Entrou devagarinho, abrindo os respiros, aqueles dos braços mortos, dos pés, das peças costuradas, já lacradas no corpo de Eisejuaz, levou seu vento por todos os cantos. Gritou ele também, esse primeiro mensageiro, desgrudou cada tripa grudada na outra tripa, arejou esse coração, soprou todo seu vento, foi crescendo e sarando.

Levantei sobre meus pés e a umidade voltou à minha língua. Caminhei por aquela noite tão inteiramente escura. Vi o hospital. Entrei. O vigia disse:

— Não pode entrar.

Mas olhei pra ele. Teve medo.

Entrei por aquele hospital e fui até a sala das mulheres naquele pingo de luz. E, em sua cama, a filha do velho estava bem. Dormindo e respirando.

E assim curei naquela noite a filha do velho, sem querer e sem pedir.

O velho não entendeu essas coisas. O velho pensou que foi a Margarita com suas medalhinhas que curou a filha dele, por medo de nos ouvir contar a maldade que saiu de sua boca.

E o ódio que aquele velho teve de mim o fez buscar todo dia a minha morte.

ÁGUA QUE CORRE

Como estive curado eu sentava e olhava.

Sentava e pensava como foi que a velha falou de duas serpentes juntas, e como foi que o homem santo dos franciscanos disse: um animal demasiado solitário devora a si mesmo, e como foi que Ayó, Vicente Aparício, homem ancião, disse: quando entregar tuas mãos, perderá a sede.

Eu trabalhava na serraria e dom Pedro estava contente outra vez. Sua mulher disse: "Meu marido falou com ele e ele se emendou."

Eu não pensava nessas coisas. Não disse: "Curei a filha do velho e me curei." Eu trabalhava e dizia ao espírito que me habita: Qual é o teu nome?

Certa manhã o Pocho Zavalía, Yadí, chegou pelos fundos da serraria. "Tem aí um pouco de cedro? Um pouco de amoreira?" Dei a ele um pedaço de amoreira bom pra fazer garfo de cabo longo, que não queima, e fui buscar o cedro que tinha atrás do galpão.

Veio então uma mudança de luz.

Nessa mudança de luz eu vi alguém, parado, me olhando. Era alto e inteiramente sério. Falei:

— Quem é você?

— Olhe bem para me conhecer.

Falei outra vez:

— Quem é você, senhor?

— Sou o espírito que te foi dado.

— Qual é o teu nome, pra que te sirva, pra que sirvamos?

E na mudança de luz aquele alto disse:

— Meu nome é Água que Corre.

E foi embora.

Levei aquele pedaço de cedro pro Yadí e voltei a trabalhar. Falei pro espírito que me habita, esse que sou, Este Também, esse a quem devo servir e guiar até o fim do caminho, esse que voará junto com o primeiro mensageiro e será livre:

— Agora eu sei. Entendi as palavras que ouvi. Virá alguém que o senhor me mandará. E a ele entregarei minhas mãos. Assim serei cumprido. E ele será cumprido as aceitando. Tá bom. Disse que tá bom. Já sei. Digo que tá bom.

Saí dali e a Maurícia me esperando.

— Hoje não quero te ver.

Ela se jogava no chão e abria as pernas. Pensei: "Não estará o Senhor querendo me mandar outra companheira?" Mas companheira eu já havia tido, e não havia mais companheira pra mim. Fui pro chão como ela queria e disse:

— Logo vai acabar isso de nós se ver. Conheci hoje o espírito que guardo e agora minha vida vai mudar.

Ela não disse nada. Então disse: "E se eu tiver filho teu?"

— Filho é do pai que cria. Não tenho filhos nessa terra.

Aquela moça linda que não sabe amar falou:

— Se meu homem morrer você pode voltar à missão, a ser capataz. Acabariam as brigas ali. Sei como o fazer morrer. O reverendo nos casará. Todos os dias e todas as noites faremos sem medo isso que fazemos escondidos.

Disse a ela:

— Já te disse que isso vai mudar. Não voltarei à missão. Muitas coisas já terminaram.

— Ser capataz é bom, te obedecem.

— Ser capataz é uma guerra e teu marido não serve pra isso. Eu sirvo, porque sou chefe. Mas não nasci pra ser chefe. Posso resolver as coisas do meu povo e não nasci pra resolver as coisas do meu povo.

Aquela moça disse:

— Vamos fazer outra vez.

Eu disse:

— Foi a última vez. Agora tenho que ir.

Desci até um lugar longe dali, peguei barro do chão e cobri o corpo com ele. Barro branco no corpo todo, e barro vermelho no peito. Me cobri com ele e estive assim. Fiquei de pé e cantei ao espírito que me foi dado:

— Água Que Corre desce e lava, ataca, salta, empurra. Água Que Corre rega, alimenta, destrói, se alegra. Não pode pensar nem remansar, não pode sorrir, não pode dormir. Não pode voltar. Água Que Corre bate, dispara, levanta, conduz, se apressa e quebra. Eu te vi, eu te vi, eu te vi. Eu te levo, Eisejuaz, Água Que Corre, para cumprir.

Andei pelo mato e cheguei ao Bermejo. Me banhei nesse rio traiçoeiro até que o barro saiu e fiquei limpo. E quando estive seco me vesti.

Assim trabalhei todo aquele ano na serraria. E quando aquele ano se cumpriu eu desci até a serraria e falei pro dom Pedro:

— Não vou mais trabalhar, dom Pedro.
Me perguntou por que, se afligiu, mas eu não podia explicar. Me disse: "Não fez nada errado? Não estará querendo escapar? Arrumou trabalho melhor?" Sabendo que não havia por ali nenhum trabalho melhor. Parei de trabalhar. Eu tinha feito uma casa de sapé pra mim bem pra trás da linha do trem. E voltei a pescar, a fazer bicos, me preparando. E passei dois anos me preparando, falando com o Senhor, esperando o dia escrito por ele, a chegada daquele que me anunciaram, daquele a quem eu devia entregar as mãos. E comendo e dormindo eu passei cada dia, tal como passa a raça dos homens nessa terra, que é esperando.

PAQUI

Paqui falou sozinho. E eu o ouvi, sentado fora da casa.

— Filho do cão, besta hedionda, quem você pensa que sou? Mataco imundo, vagabundo, pelos caminhos sem camisa, com um galho na mão. Selvagem. Pobre coração, pobre Paqui velho querido, olhe pra você, onde foi parar. E aquele terno de linho, ah, velho chorão falando dos teus filhos, vá cobrar da mãe, velho chorão. E o terno marrom trespassado com o colete listrado. Por que me chamam de traidor, filhotes de ratazana, se não sobrou nenhum pra contar a história? Paqui, Paqui querido. Mataco filho do capeta.

Entrei, sentei perto do fogo. E olhei pra ele.

Olhei, mas ele fechou o olho. E pensou que eu achei que dormia. Sentei perto do fogo e ali fiquei, olhando pra ele. Ali estive desde que o sol saiu de manhã até que chegou o fim da tarde, como quem espera o peixe na beira do rio. E nessa hora Paqui disse: uuuui. Gemia. Mas eu nada disse, nem me mexi.

E ele: uuuui.

Mas não falei.

— Não come nunca, *che* mataco?

E abriu o olho. E me olhou.

Pensei: "Como é que ele me viu sem camisa, com aquela bengala?"

E também: "Sei quem ele é."

Falei:

— Sei quem você é. Você subiu no ônibus na estrada que vai do engenho até Orán. Você ria sozinho. Eu te vi. Entrou num hotel, te vi.

Fechou o olho de novo, como se de novo dormisse. E eu falei:

— Agora sei o que levava naquela malinha. Sei por que ria sozinho na estrada.

Mas não abriu o olho.

Gritei:

— Levava o cabelo daquela mulher e de outras mulheres que você embebedou no engenho. Depois vende nos cabeleireiros de Salta. Você é um rato.

Levantei e a raiva veio tremendo do pé à cabeça e me nublou a vista. Não vi mais a casa feita por minhas mãos. Nem nada eu vi. Ali em pé aguentei aquela raiva tão grande que não passava. E minhas mãos estralavam. Meus dentes batiam. Aquela raiva subiu e inchou meu pescoço. Latejava de cada lado do pescoço pra fazer ele arrebentar. Apagou a luz diante de mim. Mas ali em pé eu aguentei aquela raiva. Então ela virou pra trás e entrou no meu coração. Aquele coração pesou feito pedra. Já pude ver as coisas da tarde e a fumaça subindo, já pude respirar, já me mexi. O coração com aquele peso tão pesado caminhou, mas lutando ainda. Sentei ali junto ao fogo e pus uma lata com água e duas patas de vaca no fogo. Não em cima das brasas, em cima de uns arames que eu lacei e trancei nos anos que trabalhava na serraria. E ali eu pus a lata pra que o alimento se multiplique: sopa e comida. Mas as mãos não queriam me servir por causa da raiva. E quando a comida ficou pronta, não quiseram se mexer nem alimentar o Paqui. Orei ao Senhor: "São tuas. Não pediu minhas mãos pra servir esse homem que não se vale sozinho? Empreste da tua força a elas."

Me ouviu. As mãos cumpriram, não com força minha.

Ele comeu, encostado no pilar da casa. Eu comi depois, e cobri com as cinzas cada brasa pra que o fogo não nos falte.

Ali o Paqui vomitou a comida.

De novo eu o servi limpando, tirando sua roupa. Enrolando ele nuns papeis de jornal. Lavando aquela roupa. Botando pra secar.

Minha língua não queria lhe falar. Nem meu coração lhe amar. E tentei ser fiel ao pedido do Senhor, que pedia as mãos mas também o coração. E falei:

— Você teve um terno branco e outro marrom listrado?

— Tive.

— Onde estão essas roupas agora?

— Não sei. Em Rosário, na rua Espanha. Ou terão sido roubadas.

— Quatro camisas eu tive uma época. Nenhuma me sobrou. Agora tenho duas: aquela azul ali e esta branca. Não conheço Rosário.

— Até parece que ia conhecer!

— Homem fraco e burro, só uma coisa importa conhecer e você não conhece. De que poderia se orgulhar?

— E que coisa seria, senhor professor?

Não respondi.

Vi a voz do Senhor pintada e pulando em todos os cantos, brilhando e sempre velada, cantando e sempre calada, em todos os cantos aquela mesma voz daquele que é só, que não nasceu nunca nem nunca morrerá. E vi os mensageiros daquela voz por toda parte, como os peixes na rede e as aranhas na teia, pulando e se espremendo em seu arranjo pelo mundo todo, o sustentando. E vi aquele de quem sou o corpo, Água Que Corre, esperando o meu cumprir para ficar livre e brilhar. E vi Eisejuaz, Este Também, o comprado pelo Senhor, começando o último trecho do seu caminho. Levantei os braços mas não cantei, nada disse, só respirei pra que o primeiro mensageiro trouxesse e levasse os mensageiros do Senhor com liberdade por dentro de mim.

Ele me olhava mas não falou. Nada disse. Olhava.
Quis zombar, mas teve medo de mim.

A Maurícia olhou um dia pela porta. Falou, na língua nossa.
— Pra todos eu vou contar. Cada qual vai rir. Com quem se casou Eisejuaz.
— Vá embora. Meu braço é pesado.
Riu mais ainda. Braba, riu ainda mais.
— Cada um dos paisanos vai saber pra quem Eisejuaz procurava trabalho.
— Não use meu nome com tua boca. Pesado é meu braço. Vá embora daqui.
Aquela moça sem caminho entrou na casa.
À margem do Pilcomayo eu vi como um incêndio nos tempos do meu avô queimou cada pau do mato até a raiz, dentro da terra. Ficaram esses fossos. Nunca mais nasceu ali tora grande das que teve. Nesses fossos caíram animais, a anta, o jaguar, o

tamanduá, e ali morreram. Nesse fosso caiu um irmão de meu pai, um irmão que nem tinha trocado os dentes, e ali encontraram seus ossos, com os ossos de animais grandes. Num fosso desses o Senhor falou comigo. Nessa paragem a terra ficou igual ao coração dos homens, que é igual também ao coração de Eisejuaz.

Aquela moça entrou na casa; e Paqui, que não entende o que falamos, disse:

— Matem a vontade sem pensar em mim.

E deu risada.

Ela se aproximou, olhou pra ele e lhe guspiu na cara, e fugiu.

Também isso eu tive que limpar, o guspe dela, a cara dele.

Saí da casa com um pensamento: "Eisejuaz nasceu pra essas coisas? Vou largar dessas coisas e ir embora pro mato. Ninguém lembrará o nome de Eisejuaz."

Alegre, eu tive esse pensamento aquele dia: "Largo disso e vou embora pro mato. Ninguém lembrará o nome de Eisejuaz." Alegre, eu ri. "Servirei meus irmãos do mato, que estão morrendo. Eisejuaz não nasceu pra essas coisas."

Mas também: "Que árvore te esconderá do Senhor?"

E abandonei aquele pensamento. O pensamento que era alegre.

Atendi aquele homem todo dia sem lhe dar amizade e sem pedi-la, mas ouvia na minha orelha: "O Senhor não está contente com você." "Buscarei amizade, então. Comprarei vinho."

Desci até a vila com o carrinho de carvão, mas outros já tinham vendido seu carvão antes de mim. Ninguém carecia do meu carvão. Ninguém me pediu. Dona Eulália no hotel não careceu, e no Círculo já tinham fechado a churrasqueira. Até de tarde andei com ele e ninguém comprou de mim. Uma senhora depois quis e me pagou a menos, vendo que não era fácil pra mim vendê-lo. E comprei vinho pra abrir o coração do Paqui e buscar uma irmandade.

Aquele calor tão grande já baixava com a tarde e eu arrastei ele na rede pra encostá-lo numa cabreúva que tem ali.

— Trouxe vinho. Pra você se alegrar.

Se alegrou.

Comemos então e bebemos, e o Paqui quis me abrir seu coração.

— Você não sabe quem é este que mora na tua casa, quanto viveu, que aventuras gozou. No porto de Rosário, este aqui subiu num barco pra se divertir com os oficiais. Ali subiram mulheres. Você nem imagina. Ali amarramos uma, deixa eu rir, seguramos juntos aquela uma, você nem imagina. Com uma vela acesa, deixa eu rir, deixa eu morrer de rir, ficou meses sem poder trabalhar. Ai, estou passando mal. Às vezes eu passo mal de rir.

"Você não sabe quem é este que mora na tua casa, este que fala contigo de igual pra igual, este que você vê pobre e desvalido, pobre Paqui velho querido. Você não sabe quem ele é.

Não sabe quantas viagens por terra, de carro, de trem, de ônibus, quantos hotéis, quanta venda, sabonetes finos, meu amigo, você não sabe.

Não sabe quem é este, Paqui velho querido. Quem o viu, quem o vê.

Quem o viu dançar no compasso, sapato lustrado, viver como um rei.

As mulheres o viam e morriam por ele, pobre velho querido. E ele, o grande rei, o grande senhor, o grande duque, e as mulheres que vão enganar outro. Paqui as conhece bem. Entrou nos cabeleireiros de Salta vender suas tranças e seus coques e as viu, feias, porcas, todas com a cabeça no tanque de metal. Ai, eu passo mal, às vezes eu passo mal de rir.

Este que fala contigo de igual pra igual sabe como tratá-las. 'Saia daqui — digo a elas —, esse cabelo é de outra, a mim você não engana, e ainda por cima recém-despiolhado.' O grande senhor mete sua mãozona, o cabelo cai, a cara que elas fazem, a turma grita de rir, às vezes eu passo mal de rir.

Você gosta daquela morena, aquela suja, que cospe, mas se fosse Paqui você saberia o que é mulher de verdade, o que é homem de verdade, o que é a vida, o que é a cidade, o que é a grandeza e o riso, pobre xucrão, não sabe quem está falando, aqui estou eu, pobre velho querido, quem te viu, quem te vê, pobre velho da minha alma, tchau e benção, e traidor é a mãe."

Depois chorou de tanto rir. Chorou por sua mala. A maleta que roubaram dele. Ali onde eu o achei, ali no barro ela estava, disse.

— Prometa pra mim que vai procurá-la. Nada tenho a não ser aquelas coisas.

E chorou. Fiz promessa de procurar. Falei que encontrarei aquelas coisas de que ele tanto carece. Suas mãos eu sou, suas pernas, porque o Senhor quis assim.

Porém, passei a noite fora da casa onde ele dormia, porque aberto seu coração com o vinho, pior foi pra mim. Menos lhe gostei. Maior inimizade senti.

Saí procurar aquela mala no lugar onde o encontrei no barro, mas nem barro mais tinha. Fui perguntar na mercearia do Gómez.

— Vega, tantas vezes você veio aqui e nunca falou de mala nenhuma.

— O homem doente que eu peguei no dia da chuva diz que perdeu uma mala e que precisa dela. Que é importante pra ele.

— Não sei do que ele te falou.

Vi que mentia, porque tem duas caras e vejo as duas juntas. Então, levantei a voz:

— Não me minta, Gómez, porque vai te pesar.

Ele sente medo de mim como eu já disse, e medo teve.

— Pergunte pro Galuzzo, o caminhoneiro.

Mas aquele homem não estava ali porque tinha levado uma carga de tábuas pra Salta. Voltei e disse isso ao Paqui. Ficou fulo. Gritou. Aquela maleta, ele disse, é muito importante e vai se perder. Disse:

— É importante e vai se perder e não poderei continuar vivendo.

— Guardava o quê ali?

— Nada a ser explicado.

E gritou mais.

Esperei os dias que carecia esperar até que aquele caminhoneiro voltou pra vila. E fui falar com ele lá onde estava.

— Que mala? — disse. E disse de novo: — Que mala, Vega?

E durante dois dias não lembrou que mala era aquela.

Desci até a mercearia do Gómez e parei na porta sem falar.

— Foi ver o Galuzzo, Vega?

Nada não respondi.

Aquele homem passou por ali essa tarde e me viu.

— Paisano — disse. — Já sei do que estava falando. Pergunte pro meu irmão, mas não diga mala, diga maleta.

Procurei o irmão, que tem outro caminhão, e o encontrei na serraria.

— Vim falar contigo de uma maleta. O homem que eu achei doente no barro perdeu sua maleta aquele dia e está carecendo dela. Soube que você tem resposta pra mim.

Aquele homem trazia uma carga bem grande de paus no caminhão. Virou-se e olhou pra mim.

— Vega, trabalhando de novo na serraria?

— Não trabalho mais aqui. Vim te pedir resposta.

— E o que esse homem quer com essa maleta?

Falei:

— Não apoie a mão aí.

A víbora saiu dos troncos carregada do seu veneno, desceu com raiva, com medo, bateram nela, mataram ela, diante dos meus pés a vi caminhando na morte e já quieta. Perguntei ao Senhor: "Quem é essa?"

— Como você viu?

— Não vi. Aquele que é olho aberto me mostrou antes d'ela sair.

— No hotel da viúva magra, onde durmo, ali está a maleta que anda buscando. Fica no guarda-roupa dela. Vá e diga que foi Galuzzo, o loiro, que te mandou.

Fui até aquele hotel, que fica perto da estação de trem. A viúva me deu a maleta do Paqui, aquela que eu vi na mão dele quando pegou o ônibus na estrada de Orán, aquela onde levava o cabelo da mulher que eu vi chorar.

Caminhei de volta pra casa e uma mulher me disse:

— Morreu a moça que usava calça, aquela que ficava parada na estação de trem.

Caminhei de volta pra casa, e um velho:

— O que traz aí pra minha fome?

— Dois braços eu tenho pra tua fome. Amanhã trabalharei pra você.

— Homem grande, traidor. Traz riqueza e está escondendo.

— Não sei o que trago aqui porque nada disso me pertence.

Aquele velho gritou:

— Desde quando existe teu e meu entre paisanos?

Caminhei de volta pra casa, e tive vergonha.

Dei ao Paqui sua maleta.

Naquela tarde o Paqui abriu sua maleta com suas mãos doentes escondido de mim. Riu, alegre. Feita a comida e dada em sua boca, dormiu com aquela maleta debaixo do corpo. Quando no amanhecer o limpei de sua imundície, riu de novo. Falou:

— Viu as coisas que guardo ali?

— Não vi, *che*. Não vi.

— Gostaria de ver?

— Gostaria e não gostaria. Pra mim tanto faz.

Ele abriu a maleta com suas mãos doentes, com a maior demora. Vi dois sabonetes novos, umas presilhas de mulher, uns enfeites com vidrinhos.

— Por essas coisas você falou: é importante e vai se perder e eu não poderei continuar vivendo? Por essas coisas sofri vergonha diante dos meus irmãos que têm fome, que me pediram?

Se zangou. Ficou muitíssimo zangado. E por vários dias não falou uma palavra comigo.

O inverno tinha chegado naquele tempo e o calor tão forte se acalmou. Falei pro espírito que vive em mim: "Levante, vá como manda o teu nome. Que possamos cumprir como se espera de você, e de mim, que sou teu corpo. Levante e corra como Água Que Corre. Para lavarmos, para regarmos aquilo que meu coração em sua cegueira não sabe."

No meu pensamento, caminhei o caminho inteiro que era meu caminho, do Pilcomayo até o acampamento da missão. Vi a casa do homem bom que perdeu o filho por minha causa, e o calabouço da delegacia, e a velha que mora no mato, e o isqueiro que dei praqueles homens, e os três chaquenhos com seus cavalos, e o *colla* na beira do canal, e a mulher chiriguana do cabelo tosado, e depois o homem santo, o homem cansado que tem que partir, expulso pelo rico agarrado na sua riqueza como o rico é, e depois a nuvem verde sobre a cidade de Orán, e depois aquele homem ancião Ayó, Vicente Aparício, que me trouxe de volta os mensageiros do Senhor. Caminhei no meu pensamento o caminho inteiro que era meu caminho desde que minha mãe me pariu no mato até que Eisejuaz, Este Também, encontrou o Paqui no barro.

Voltando de um bico que eu fiz pro Gómez na mercearia, e que era levar tantas caixas e tantas latas pra uma sala nova, senti na minha casa o cheiro da Maurícia. Olhei pro Paqui, mas ele não abriu o olho. Saí e vi aquilo que se faz pra tapar pegadas: uma folha aqui, outra ali, e gravetos. Sentei junto do

fogo e nada falei, nem dei comida pro Paqui, nem cozinhei. Mas dessa vez não reclamou. Nem tampouco falou.
Sem falar, sem comer, em sua falsidade e desejando alimento:
— Ontem aquela morena veio te procurar. Hoje vai te procurar no hotel.
Meu pensamento: "Que motivo para esconder as pegadas?"
Voltei de limpar o galinheiro essa noite e senti de novo o cheiro da Maurícia na casa. Ele, em sua falsidade:
— Foi te ver, aquela moça de ontem?
Uma vontade de matar me veio nas mãos. Pesadas de morte elas ficaram. Saí fora da casa. Gritei pro Senhor:
— É isso que você fez teu servo esperar trinta anos? Essa vida?
Surrei aquela cabreúva, estilhacei um galho com a minha mão. E entrei de novo e sentei pra acender o fogo na casa.
Aquele homem esperou que eu falasse. Como não falei, se zangou. Perguntou:
— Será por Deus que você cumpre esse trabalho de me cuidar? Com muita má vontade cumpre, muito descontente está seu Senhor com você.
Não olhei pra ele uma vez sequer. Mas ele disse:
— Os pesos que ganha você deveria dividir com este que não pode trabalhar. Só teto, só comida não são cuidados suficientes para um homem. Um homem precisa de dinheiro.
E começou a gritar:
— Você não sabe quem é este que mora na tua casa e fala contigo de igual pra igual!
Levantei e minha cabeça bateu no teto:
— Com uma mão eu posso te desnucar. Posso fazer tua cabeça rolar pelo chão. Posso deixar teu corpo esperneando

sem cabeça. Tua cabeça fazendo careta sem corpo. Com uma só mão, rato nojento.

No dia seguinte peguei o carrinho e o machado e a moringa d'água como se fosse fazer carvão. Mas me escondi.

Ali chegou a Maurícia, dissimulando. Me aproximei daquela casa pra olhar. E ela usava um daqueles enfeites com vidrinhos no cabelo. E, praquele homem doente, fazia o que não deve.

Com meus braços, arranquei a parede de sapé. Com minha mão, agarrei ela pelos cabelos. Do jeito que estava, joguei ela no caminho.

Destruí o teto e as paredes da casa e espalhei o sapé no vento. E esparramei as brasas do fogo e apaguei o fogo com terra.

Fui atrás da Maurícia e levei ela embora comigo.

E deixei o Paqui sozinho naquele lugar.

Assim eu vivi com aquela moça sem deixar ela voltar pra casa do marido. Se me escapava, eu a amarrava. Se voltava, desamarrava. Comida fiada, álcool fiado eu peguei do Gómez. Ali de manhã e em todas as horas nós fez o que queria fazer, ali eu tomei álcool e tomou ela. Tinha medo, chorava. Entre plantas, sem casa, sem teto, sem agasalho. Bem pouco se comia naquele lugar. Ela tinha medo que o reverendo e o delegado fossem lhe buscar. Medo de voltar pro marido. Medo de mim.

Falou:

— Não me amarre que o tigre vai me comer, a víbora vai me morder. Tenho necessidades, não consigo me mexer.

Falei:

— Acabou correr e enganar, acabou cobrir pegadas, acabou mentir. Agora você está aqui na pura verdade. De verdade sem fugir, sem enganar e praquilo que se queira fazer. Por acaso aquele marido vai te chorar?

Quis me dar de beber pra fugir. Ela bebia, ria, queria me arranhar o rosto, dançava, caçoava do marido, do reverendo e das mulheres do acampamento.

— Ainda vive aquela mulher velha de quem minha mãe quebrou os dentes?

— Já morreu a velha.

Imitava a velha, botando a língua pra fora pra falar por causa dos dentes quebrados. E quis também falar mal da minha mulher, sua irmã.

— Tua boca não foi feita pra nomear aquela que teve alma, e que você não tem. Não te deram espírito o bastante pra nomeá-la. Pendurada na árvore você vai me esperar quando eu for embora: como a aranha que pende do fio.

Se assustou. Aprendeu a cuidar com as palavras.

E assim vivemos, entre plantas, sem casa, sem teto, por dias. Bem pouco se comia. Beber se bebia.

Num amanhecer, disse uma voz:

— O que você fez com aquele que eu te dei?

Aquela moça dormia, amarrada no meu braço. Vi um tatu cavando a terra. Olhei pra ele e ele me olhou. Mas fugiu. E quando sentei não vi mais nem terra remexida. Cortei a corda, corri, com aquela vergonha no coração. Subi o morro, e corri, com aquela vergonha. Corri, e o dia nublava diante dos meus olhos.

Corri e cheguei à casa que foi minha, àqueles paus onde teve fogo, onde vivi. Corri e vi aquela árvore, aquela cabreúva que deu sombra. Corri e vi aquele homem morrendo ali. Morto de roer capim, de morder, a boca na terra.
Levantei ele. Pus a boca nele. Gritei pra ele:
— Você. Você. Fique vivo. Estou aqui.
Abriu o olho, aquele homem quase morto.
Falei pra ele:
— Ande. Você. Ande. Ande. Você, ande, Paqui.
Esticou uma perna, deu um passo, esticou uma perna, deu um passo. Dois passos ele deu com suas pernas, três passos ele deu, quatro passos. E ali caiu. Não andou mais.
Falei pro Senhor: "Cumprirei, então."

AS TENTAÇÕES

Cinco vezes uma voz falou pra me desacorçoar.

Uma, os homens do acampamento sentados na porta de minha casa:

— É necessário que volte, extremamente necessário que você volte e ponha ordem no acampamento da missão. O desatino está ali, as brigas. De nada serve aquele que é capataz, que vive onde você viveu e não tem peito para ordens. Enquanto você estava, nós vivemos. Cada qual se ajustou, se manteve no lugar. Você ia pra serraria e diziam: "Vejam como essa gente pode trabalhar, pode ser mais do que o branco." Agora te falamos: é necessário que volte pro acampamento e ponha ordem. O melhor dos nossos homens não pode viver desse jeito, a serviço duma carniça dos brancos.

Falei praqueles homens:

— Não por vontade minha fui embora da missão, tampouco pela do reverendo, apesar que me expulsou dum jeito injusto que vocês não souberam. Foi pela vontade daquele que ninguém conhece, pois a cegueira é nossa herança. Por isso seus mensageiros se retiraram de mim, aqueles que eu chamava e louvava naquela hora. Os mensageiros dos bichos, os de quatro patas, os de duas, dos insetos com asas e daqueles que se arrastam pela terra ou por baixo da terra, e na água. Assim minha alma ficou preta, sem mensageiros anjos do mundo. E outro passo padeci: os mensageiros dos paus também se retiraram por um tempo; os mensageiros dos que são fogo, dos que são sombra, dos que são morte, dos que são aceno, dos que são sinal, dos que são remédio e alimento. Só me foi deixado o primeiro mensageiro, que é o ar. E só ele ficou pra me manter no mundo enquanto tudo era negrura. A morte saía da minha mão, da minha respiração. Ali onde toquei, a morte veio. Por que aconteceram essas coisas nós não sabemos. Mas havia terminado o terceiro trecho do caminho. E agora começou o último.

Disseram, sentados defronte à porta da minha casa:

— Não entendemos todas as coisas que você fala, mas sabemos que foi nosso chefe e queremos que volte. No mato teria sido chefe, na missão você foi. Agora tudo é tristeza, revolta, inveja. Olhamos: nada vemos. Olhamos de novo: nada vemos. Não sabemos para onde podem andar nossos pensamentos.

Falei pra eles:

— Acham que Eisejuaz não sofre? É chefe e não nasceu pra ser chefe. Viu o espírito que o habita e conheceu seu nome, mas seus irmãos estão fora desse nome. E os motivos disso nós não sabemos.

Um deles:

— Não entendemos todas as tuas palavras mas entendemos como nossa vida ficou ruim.

Então eu disse:

— Praonde vão os piolhos do homem que morre? Logo a cabeça dele esfria. Logo eles fogem, turbados e perdidos, sem saber praonde ir. Correm cegos pela poeira, alheia, inimiga, que não os recebe. Angustiados, não sabem praonde seu coração os guia. Buscam um novo calor, ali vão se enfiar, sem escolher. Se tiver piolhos naquele lugar, ruim será o encontro. Se quiserem morar lá, ficarão insuportáveis. Lavados, morrerão uns e outros. Cegos e turbados eles correm sem saber praonde ir. Sua cria debaixo da terra, com aquele homem morto, esquecerá o calor e os mensageiros da vida. Os vermes serão seus companheiros, e sua lembrança se perderá. Assim eu digo aos meus irmãos matacos e também aos tobas: praonde iremos agora que o mato esfriou? Aos chahuancos, aos chiriguanos, aos chanés e a todos eu digo: praonde iremos? Não tem lugar pra nós nem lá nem cá. Lá o barulho dos brancos acaba com nosso alimento. Cá, nós se alimenta de peste e de miséria.

Gritaram:

— E o que temos a ver com os chiriguanos?

Um velho:

— Então não temos salvação?

Eu disse:

— Nosso tempo terminou e o de todos os paisanos. Agora cada qual deve viver como puder. Por que calhamos de nascer nesses tempos, não sabemos. Todos os homens têm a cegueira como triste herança.

Um disse:

— Não são as palavras dos missionários.

Eu disse:

— Essa cabreúva que nos dá sombra tem essa marca. É de um galho que um dia arranquei com a minha mão. Foi ferida grande mas ela viveu, graças a seus outros galhos e suas folhas e seu tronco. Mas se todos os galhos tivessem se quebrado e a casca arrancada e as folhas esmagadas, não poderia viver. Foi o que nos aconteceu, foi assim que sucedeu.

Disseram:

— É isso que queremos. Um homem capaz de rancar com a mão um galho desses.

Respondi:

— Meus irmãos, meus homens, meus pais. Sou chefe, fui feito para vocês embora não entendam nenhuma palavra minha, e é justo que me procurem. Mas o Senhor não me chamou pra isso. Essa é a minha dor. E será a dor de vocês. E por que isso é assim, não sabemos.

Se levantaram com raiva. Se afastaram. De longe gritaram:

— Nasceu pra ser mulher duma carniça branca?

E saíram correndo.

Segunda vez. Meu amigo Yadí, Pocho Zavalía, parado perto daquela cabreúva. Trouxe um pedaço de carne preu comer.

— Sabe aquele cortejo nosso, que nós dança no carnaval? Esses dias nós se reuniu pra cantar, pra dançar. Com minhas mãos fiz várias máscaras tipo aquelas que você sabe, só que bem enfeitadas, com desenho de carro, de bicho com chapéu, de mulher, que nem os da porta do cinema. Nós dançou, cantou, você sabe. Mas nós também conversou. Os homens do cortejo disseram: "Se tivesse um que falasse por nós, podia melhorar nossa vida de paisanos. Um que negociasse trabalhos, que visse o prefeito, que soubesse levantar a voz e dizer: 'Por que são assim as coisas pra nós?' Você sabe. Disseram: 'tem um que poderia servir pra isso, um só, entre os paisanos'. Saiu o teu nome. Mas muitos acham que você perdeu o juízo e o pensamento. Por isso eu disse: 'Irei e falarei com ele, e verão que não é verdade. Irei e trarei sua palavra'. Vim pra ir dizer a eles: 'Ele sabe o que faz e vai voltar'. Todos dirão: 'Então o paisano deixará de morrer.'"

Tive que falar com Yadí dessa maneira:

— Houve homens antes de mim que foram chamados pelo Senhor. Ele lhes deu visões e ensinamentos para o bem de seus povos e seus povos se alegravam: felizes de nós, porque este homem nasceu aqui e melhoramos. Mas eu fui chamado só pra isso. O Senhor me fez forte só pra isso. Pediu minhas mãos só pra isso. Por que as coisas foram assim eu não sei. Mas vou cumprir. Caminho com vergonha diante dos meus irmãos, mas vou cumprir. Com vergonha diante do meu rosto, mas não digo nada. Nasci para cumprir as coisas do Senhor.

Conversei desse jeito com meu amigo Yadí, Pocho Zavalía. E quando ele foi embora eu peguei seu presente e comi metade, e dei metade pro Paqui.

E também chorei, em segredo, diante do Senhor.

Ali a festa pátria na praça da vila, com a música grande do soldado, daquele que diz: "Vão ao cinema", e tantos pra aplaudir, tantos das escolas com avental branco. O prefeito que fala alto e o sino do franciscano tocando. Ali a bandeira. Ali o padre, dona Eulália, o turco, o doutor, o rico, no palco azul-celeste e branco. O homem moço com seu avental na fila com os que aprendem na escola. E o paisano parado longe, olhando. Diz o velho Torres, paisano velho:

— Lembra, eu e você naquele palco, de roupa nova eu e você, representando os paisanos na festa pátria? Lembra o dom Pedro, que foi teu patrão, que foi prefeito, *che*, que indicou nosso nome?

Eu disse:

— Dom Pedro sofre desde aquele tempo se sai na rua. Ninguém não quer cumprimentá-lo.

— Ele que te disse?

— Ele que me disse.

O velho Torres diz:

— Você deve se lembrar daquele piscinão que o dom Pedro mandou fazer lá em cima na missão, e dos caminhões subindo com a água, tantos anos vazio desde então, vazio como a víbora que cai, o sapo que cai.

— Lembro. Não moro nem vou lá, mas lembro.

— O velho cego caiu lá dentro. Quebrado está, bêbado estava. O reverendo disse: "Tinha bebido?" "Não", nós dissemos. "Sim", disse o capataz, aquele homem inútil disse "Sim". E o reverendo: "Se beber outra vez, o velho cego ficará fora da missão. Quem bebe morre, briga, adoece. Lisandro Vega bebeu. Não trabalha mais na caldeira, ficou louco, todo mundo sabe."

Agora o sangue me entrou no coração com seu calor. Peço: "Não deixe que esse sangue me nuble a vista. Não deixe que me entre nas mãos."

Churrasco para o povo na praça, mesas na sombra, pães. Para o pobre e para o rico, disse o prefeito, para todos. O paisano com aquele medo não chega perto.

Aqui meu amigo Yadí, Pocho Zavalía:

— Comida tem, vamos comer. Uma vez, paisanos, vamos comer. Carne tem, pão tem. Não chegaremos perto? Não comeremos?

A mulher dele não quer.

— O que tem tua mulher, *che*? De que sofre tua companheira?

— Nosso filho enterramos ontem. Nosso filho mais velho. O primeiro. Enterramos ontem. Ela não quer comer. Mas, triste tem que comer; alegre tem que comer. Uma vez tem que comer. Uma vez carne, pão.

Aquele franciscano dos óculos, da camisa cinza:

— Você por aqui de novo, amigo. Vai querer tirar aquela foto com a flecha, com a *chiripá*? Te vejo sadio. Te vi amarelo, magro. Te vejo forte. Isso é bom. Tem que se alegrar.

Olhei bem pra ele. Foi embora.

Uma mulher dos nossos, minha irmã no mato:

— Não sei contar mas sou de teus dias. Quantos dias tem agora?

— Doze anos quando nós se veio. Falei pros meus pais: "Nós tem que ir." Falei pela palavra do missionário. E eles: "Tá bom. No mato já não dá pra viver." Tantos dias a pés, saindo do Pilcomayo, caminhando. Mas todos se vieram pra morrer com a peste do branco. Trinta e oito de minha idade tenho agora. Trinta e oito você tem.

Aquela mulher sem dentes, com netos, minha irmã no mato, pra mim:

— Comi carne, pão. Meio bêbada, com sono, com vinho estou pra lembrar, pra falar o que vi. Coisas que você viu, coisas que eu vivi. O irmão de meu pai, aquele jovem Guanslá. Contente com sua mulher linda, das gentes churupís. Trazida

da guerra, gorda, com boa voz. Todo dia ela saiu, todo dia ela voltou. Ninguém teve malícia, ninguém desconfiou. Seu marido, contente, nunca suspeitou. Disse: "Fiquei dormindo." Dissera: "Busquei fruta." Ela tem homem seu, do tempo de antes, e sai pra o encontrar. Uma tarde: "Achei uma anta morta, é fresca, vamos buscar." Sete homens foram, mais o primeiro Guanslá. Ali os esperavam, matam cinco, um pôde escapar. Levam o sétimo, nele vão batendo, e é o Guanslá. Grito me vem agora, vontade de matar. Espetam, esturricam ele, ela ri sem parar: com o facão chaquenho, corta a boca do Guanslá. Fica que é puro dente, sem riso que mostrar. Aquela que dança e gospe, sua hombria vai cortar. O espetam com as flechas, botam brasas, não param de cantar: a terra que levantam, no sangue vai grudar. Já abre sua boca rota, já morre o alegre Guanslá. Atravessou-lhe um olho: "Te deixo o outro pra olhar. Assim me vê contente, contentando o meu homem, e então pode morrer já." Vem vindo aquele menino, o escondido, que espiou. Vai contando o que viu. Teu pai chama, o chefe ergue a voz. Mandamos nossos homens, mas nem rastro, aquela gente escapou. Um ano depois veio batalha, matamos todos, o mataco ganhou. Trouxeram vivos a mulher e o homem, não teve um que não olhou. Vão queimando seus peitos, minha mãe a esfolou. Tua mãe, com tição, a mulherice dela queimou. Feito tigra ela gritava, rancamos sua pele. Cortamos suas mãos, também os dedos dos pés. E os cachorros devorando tudo, com urros ela gritou. No fogo a jogamos, fumaça espessa catingou. Do homem rancaram todo o cabelo e a pele. Vi sua cabeça crua, dependurada a pele. O sangue que escorria, tinha vontade de beber.
    Falei:

— Mulher desgraçada, mulher sem juízo, que palavras são essas que vem me dizer?
— São coisas que eu lembro, coisas que você lembra. Meus pensamentos se erguem; a morte me golpeia: "O que está esperando? Por que tanta paciência?"
Empurrei aquela mulher:
— Te conheço. Você me enganou mas agora eu te conheço. Pulei, corri pra longe dali. Pra longe da Morte Vingadora que embriaga todo coração.

Foi a terceira vez. E a quarta foi pela boca do Paqui.
Naqueles dias arrastei ele pra fora e botei ele no sol, porque era inverno e tremia muito. Falou:
— Como não pensou em me levar pra vila e me deixar com os brancos num hotel, como seria digno de mim?
— E com o quê pagaria esse hotel? Onde o branco está, dinheiro faz falta. Onde não está, coisas muito outras fazem falta, que tampouco você tem.
— Tão ignorante em tantas coisas você é, pobre homem, e não se pode culpá-lo por isso. Afinal, que ensinamentos da vida tem alguém que nasceu como você, entre as feras e os bichos do mato? Para que saiba: alguém como eu pode viver entre os brancos sem que nada lhe falte. Pode estar num hotel e se divertir. Ter dias agradáveis. De modo que me leve até a vila e me deixe no hotel da viúva magra, ou no da dona Eulália. E ali vou morar.
— Como não me disse essas coisas antes, quando passamos fome?

— Não é da tua conta. Por isso me lave bem e me penteie. E me leve até a vila de noite, pra que não me vejam carregado feito um embrulho. E me consiga um pouco de vinho, pra eu beber antes de chegar.

Fiz o que ele disse. Dei a ele o vinho. Levei ele ao hotel da viúva magra e sentei ele num banco que tem na porta. Aquela mulher saiu do hotel e falou com ele. Chamou, e levaram ele pra dentro sentado no banco. Então eu caminhei de volta pra minha casa. Pensei: "Como é isso, Senhor? Como é que foi isso?"

Não soube o que pensar. E estava quase me alegrando. "Fiz mal? Mas você não me deu ele de prisioneiro." E estava quase me alegrando. Turbado no coração, sem pensamento fixo: "Não era o anunciado? Qual cumprimento? Não é esse o cumprimento? Não começou o último trecho?"

Sem resposta eu me vi.

Moí semente de angico e fumei pra buscar explicação.

Como palhas no vento, como flechas, como pássaros no mundo, vi os bons mensageiros, os maus mensageiros daquele que é só, que nunca nasceu, não morre nunca. Ali eu cantei:

— Eh, eh, eh. Digam. Eh, eh, eh.

Dancei.

— Venham. Eh, eh, eh. Venham. Eh, eh, eh.

Feito mosca em cima do guerreiro morto, feito peixe que bate e gira n'água, feito chuva que brilha, que se move ao meu redor. Vieram à minha boca.

Serpente.

— Eu o quê? Estava dormindo e: eu o quê? Descansando e: eu o quê?

— Você. Pra saber da silenciosa, da assobiadora, praonde meu ouvido? Praonde meu olho? E aquele cumprir?

— Esperará e verá.

Cavalo.

— Eu o quê? Estava correndo e: eu o quê? Batendo no chão com minhas patas e: eu o quê?

— Você. Pra saber, aqui. Do alto, daquele que tem o trovão em cada pé, praonde este ouvido? Como será?

— Esperará e verá.

Dancei e bati no chão com meus pés. Como o morcego no verão, como folhas no vento frio, ao meu redor.

— Anjos mensageiros, busco a palavra daquele que é só, que não nasceu e não morrerá. Aqui do tatu, couro de osso, aqui do xuri, bom esquivador, aqui do cururu, escutador com a garganta, aqui dos paus, mensageiros do Senhor. Aqui da chuva forte e da que é mansa, do vento grande e das brisas, mensageiros, anjos do Senhor. Digam-me. Como é esse cumprir, como será? Como veio, como virá?

Rodando: "Esperará." Girando: "E verá. Eh, eh, eh. E verá."

Falavam pela minha boca e a espuma saiu da minha boca, molhou o meu peito, molhou o chão. Falavam pela minha boca e eu dancei, e bati no chão com os pés.

Como o mosquito no pântano, como o verme se retorcendo, se empurrando.

— Eh, eh, eh. Você e você. Eh, eh, eh. Você e você.

— Esperará. E verá. Eh, eh, eh. E verá.

Chamei os povos pequenos de baixo da terra. Os homens pequenos do pântano, da água. Os sem peso que correm pelo mato, povo pequeno corredor do mato. Os que andam, os que vigiam, os que roubam, os que curam. Como ratos, como bicharada que foge na crescente e não grita nem fala, corre e não olha, corre e se empurra, assim vieram os povos pequenos de baixo da terra, do pântano, da água, e o povo corredor do mato.

Falaram pela minha boca.

— O que foi? Estava descansando e aqui, o que foi? Descansava e aqui, o que foi?

Feito urubus mexendo a cauda, bicando, rancando, mexendo a cabeça, os povos pequenos, os homenzinhos corredores, aos meus pés. Dancei, bati no chão com os meus pés. E falaram pela minha boca:

— Já verá. Já verá. Já verá.

E se foram todos. O breu recebeu meu coração. Ali fiquei e descansei. E me levantei. E olhei aquela cabreúva que está na porta da casa que eu fiz por minhas mãos. Um vento grande se ergueu naquele momento e derrubou aquela cabreúva. Um vento enroscou nela, rancou ela.

Desse dia em diante aquela casa e aquele lugar se chamam: O Que Se Vê.

Mais uma vez aquela voz falou pra me desacorçoar, a quinta vez.

Na bica d'água aquela criatura, filha do velho que manca por causa da flecha, aquela que eu curei sem ter pedido e que me curou. E ao me ver, pegou sua moringa vazia, saiu correndo.

— Por que vai embora? O que eu te fiz?

Parou longe pra me olhar.

— Sem água vai subir de volta?

E nada me respondeu. Me zanguei.

— Venha buscar tua água ou vou aí te pegar.

E desceu com muito medo até a bica d'água. Suas pernas tremiam. Não podia esperar.

— Que medo tem de mim? Que mal eu te fiz?

Mas não quis falar. Assim, me zanguei de novo.

E ela disse:

— Vi você empurrar meu pai, que é velho, no hospital. Vi você roubar uma garrafa de álcool. E não quis pedir saúde pra mim.

Dei risada. Alto, eu dei risada. Então sua moringa caiu. E se quebrou.

Aquela menina chorou vendo a moringa partida, a água esparramada.

— Não chore. Essa minha moringa eu te dou.

E chorou mais.

— Por que deve chorar? Está curada, podia estar morta. Alegre, devia estar. Tua vida eu vi escapando, teu ar indo embora, o fôlego partido. Os mensageiros do mundo voltaram ao teu coração.

Ela disse:

— Não carece de mulher pra casar?

— É mulher, já? Mulher você é? Mulher seria?

— Sou, sim.

E chorou de novo.

Eu disse:

— Se o Senhor quiser que eu case, contigo será. Mas minha vida já entrou em seu último trecho e não me pedem isso. Outra coisa me pedem, e agora mesmo não sei qual é.

Ela disse:

— Como foi que deixou morrer aquele branco que você tinha pegado?

E disse:

— Vivo o vimos, mas já está morrendo. Ninguém tocou nele por temor a tua pessoa.

— Onde está?

— Atrás da casa perdida, da casa quebrada.

Então eu corri. E vi aquele homem sujo e por morrer, como da primeira vez. De novo falei pra ele: "Me espere. Não morra." Corri. Voltei com a rede. Carreguei ele. E levei ele pra casa, como da primeira vez.

Como da primeira vez.

Todo dia eu cuidei daquele homem, todo dia ele gritou, zombou de mim. Todo dia fez suas imundícies, todo dia berrava. Todo dia me viu falar com o Senhor e fez risada. Todo dia cuidei daquele homem. Não disse mais: "Por acaso Eisejuaz nasceu pra essas coisas?" Trabalhei, e não reclamei mais.

O DESERTO

Estando na primeira casa tive um sonho, e por ele fomos viver no mato. Dois anos, passamos no mato. Foi um sonho de nós dois caminhando por um longo caminho, e de bengala eu usava aquela cabreúva que foi arrancada pelos mensageiros no dia em que falaram comigo. Cruzamos um rio caminhando por cima da água. O Paqui disse naquele sonho: "Cruzamos a água que corre, já estamos contentes."

De manhã eu disse:

— Um sonho bom. Temos que ir mais longe pelo bem dos dois.

Trabalhei com o machado, botei uns paus pra fazer bordas no carrinho de mão e os prendi com arame, cipó fino e uma casca mole que conheço. Das coisas que eu tinha peguei duas garrafas cheias de mel do mato, fui até a casa de Yadí, Pocho Zavalía, meu irmão no mato, e dei pra companheira dele. Mas não falei: vou embora. Voltei pra minha casa, a casa dos dois, e dormi aquela noite.

Antes do sol, subiu a estrela d'alva. Mensageira estrela bonita saiu grande, branca. Subiu tranquila. Alegre ela subiu na manhã. Olhou pra mim, olhei pra ela. Cumprimentei. Ela que dá conhecimento aos homens, aos cegos que somos. Também me cumprimentou. Aquela ali me cumprimentou.

Pus o Paqui no carrinho de mão e as costas dele nos paus das bordas. Já gritou, perguntou. Já quis descer.

Das coisas que tínhamos fiz assim:

O machado, a grelha de arame: dentro da rede. Das três latas que me deram na cozinha do hotel, duas chatas e uma de pêssego pra água do Paqui: botei duas na rede, uma deixei fora. E a grande de cozinhar: na rede. Camisas, a azul, a branca e uma vermelha do Paqui: na rede. Os trecos de pesca: na rede. Uma abóbora: na rede. Enrolei a rede, enfiei debaixo das pernas do Paqui. Um pedaço de roda de carro que é o travesseiro do Paqui: atrás do Paqui.

A moringa d'água nova cheia d'água. E as brasas do fogo eu enrolei em folhas de bananeira, coloquei naquela lata que deixei separada e amarrei bem pra não caírem do carrinho de mão.

Uma carne seca na cintura, com um arame. A faca na cintura.

Saiu o sol. Olhou pra nós.

Cumprimentei. Mensageiro grande. Senhor mensageiro. Senhor grande.

Ele olhou pra nós.

Nada fácil empurrar aquele carrinho. Pelas trilhas o empurrei. Falei pro Senhor: "Este que você me deu não pode dormir em cima de árvore. Por isso cuide dele, pois você disse pra nós viajar pelo mato. Não é filho teu também o tigre? Prenda-o, então. Cuide-nos nessa viagem."

Dez dias andamos pelo mato, e não era fácil. Por trilhas que sei, com tanto cipó, tanta raiz e árvore caída: tirando o Paqui, amarrando-o com cordas, erguendo-o, descendo-o, e depois erguer o carrinho de mão, e mais cada coisa. Cruzar águas. Não foi fácil aquela viagem.

Chegamos à clareira que sei.

Então eu pus aquele homem que me deram, o Paqui, no centro da clareira redonda que o fogo fez no tempo antigo, onde nunca mais nasceu tora grande. Pus ele no sol. E pus em volta cada coisa nossa formando uma roda: o carrinho de mão, o machado, os trecos de pesca, a grelha de arame, a rede, as camisas, as duas latas, a abóbora, o pneu do carro, minha faca. De um lado a moringa d'água com sua água. Do outro lado a lata com a brasa do fogo. E eu entrei naquela roda, junto com o Paqui, entre o fogo e a água.

— Eh, eh, eh, aqui estamos para cumprir.

Comida nos faltou no primeiro tempo. Só inseto, gafanhoto, lagartixa que eu jogava na brasa, se retorciam, eu comia. O Paqui não abriu a boca pra comer; comeu aquela abóbora e depois nada. Busquei raízes. Busquei terra daquela branca e comi. Ele comeu, grudou nele por dentro, já ia se afogar. Chorou, não quis comer. Falei pro Senhor: "Deixará sofrer assim aquele que você me deu?"

A primeira coisa que eu cacei foi o viborão. Matei, tirei seu couro e o cortei em duas partes. Pus uma das partes do jeito que caminha o sol, uma ponta olhando pra manhã, a outra olhando pra tarde: "A todo bicho solto do mato que come carne, criaturas daquele que é um só, deixamos isso aqui, nós dois, criaturas daquele que é um só."

Cozinhei sopa e carne, contente. O Paqui fechou os olhos; comeu chorando.

Pus na água os miolos, a língua, os olhos do viborão. Vieram peixes menores que dedos do pé. Com a camisa os pesquei. Foi a primeira coisa que eu pesquei, por isso dei também a metade pra todo bicho comedor do mato.

Naquele tempo vi que o Paqui chorava todo dia. Para alegrá-lo, trouxe um macaco e o criei. Ali pulou, ali brincou aquele bom animal, subiu e desceu. Aprendeu. Tirou piolho do cabelo do Paqui. Deu comida na boca dele. Também tirou da boca dele, foi comer na árvore, comeu em cima da casa. O Paqui riu. Para alegrá-lo, trouxe um papagaio, a fim que lhe ensinasse a falar. Se aproximava; inclinava a cabeça, olhava. O Paqui assobiou: ele assobiou. Cantou: ele cantou. E uma vez, voltando do mato, ouvi todas as palavras sujas do branco. O Paqui lhe ensinou. Uma manhã o macaco arrancou o rabo dele. O Paqui riu. Ficou sem rabo aquele animal falador de maldades, triste o animal sem culpa.

Juntei a semente de abóbora que trouxemos da vila e com a faca trabalhei a terra que fica perto da casa, e plantei. Aquele homem na rede riu, e o papagaio com ele. Assobiavam canções de troça.

Paqui, um dia:
— Em que está pensando?
Meu coração: "Não lhe diga."
Ele, esse dia:
— O que está pensando?

Meu coração: "Não lhe diga."

Eu, pro meu coração: "Por que não falarei com quem me foi dado de companheiro? Agora tenho vontade de falar com ele." Disse:

— Estava pensando no dia que aquela mulher contou durante a festa pátria. Quando trouxeram a que traiu e o homem do inimigo. Disse verdade, aquela mulher na festa pátria: dançamos, espetamos, esturricamos, cortamos. Os cachorros comiam os pedaços diante dos seus olhos e ela gritou. Eu e aquela que depois foi minha companheira éramos de uns dez anos. Cada um cortou uma orelha dela, jogamos na brasa, zombamos: "Linda orelha torradinha, boa de comer."

— Tem gosto de quê, bugrão?

— Não somos gente que come gente. Nem ninguém não teve vontade de comer aquele dia pelo cheiro do sangue, tirador de vontades. E depois não dormimos; nós fechava o olho e se via tanta coisa feia, e braba. Depois um dia o reverendo na missão veio dizer como aquele homem amigo do Senhor, São Pedro, cortou a orelha de um, e o Senhor Jesus Cristo Filho do Senhor ficou fulo, mas o perdoou. Aquela que foi depois minha companheira me falou baixinho: "Então ele também poderá perdoar nossas orelhas." Eu disse "Sim", mas ri de "Nossas orelhas". O reverendo: "O que estão dizendo?" Dissemos: "Nada." Nos botou de castigo por falar.

Meu coração: "Fez mal, você. Falar dessas coisas com este aí."

Durante muitos dias pensei em mulher. Me olhando, o Paqui soube. Caçoou de mim.

— Se tivesse ficado na primeira casa não estaria nesses pensamentos. Perto da vila a vida é aliviada. Mulher não falta. Está lá aquela morena que você gosta, a boa namorada.

Falou de mulheres e das coisas que as mulheres têm. Ensinou o papagaio, e o papagaio disse as coisas que as mulheres têm e riu igual a elas. Também ensinou ele a dizer:

— Linda orelha torradinha, boa de comer!

Não me deram descanso, aqueles dois.

Uma noite em que o Paqui dormia, entrou devagar o Mau.

O medo alevantou meus cabelos. Minha língua não conseguiu dizer: "Senhor." O primeiro mensageiro não entrou nem saiu do pulmão. Meu suor formou barro no chão.

Tão grande medo acordou o Paqui. Berrando, ele acordou. E seu berro devolveu a palavra à minha boca. Falei:

— Senhor.

O Mau se afastou feito bruma. Ficou no teto, preto feito fumaça. Falei outra vez:

— Senhor.

Feito nuvem saiu, e na noite voou. Falei pro Paqui:

— Por causa do medo teu, perdi o meu. Vê como você foi bom amigo do Senhor?

— Medo? De quê? Não tem vergonha?

Naquele tempo eu passava os dias com temor de ter medo. Falava pro Senhor: "Dê-me tua força, que a coragem me falhou." E praquele que me habita: "Apareça, que Eisejuaz fraquejou."

Veio outra noite, e não me assustei.

— Vá embora, *che*. Tenho a força do Senhor.

Veio como um fio, fino, açoitando.
— O Senhor me comprou, vá embora já.
Veio alto, feito ventania, inchado, me puxar pelos cabelos, me empurrar, assobiar. Cansado, ofegando, jogado no chão, fatigado, Eisejuaz.
— Apareça, mostre-se já.
Mostrou-se como feixes, como piões girando e empurrando.
— Não vê que o Senhor me protege, *che*?
Já se ia.
Gritava ele e gritava eu na noite. Os animais saíam do mato pra nos olhar. Olhavam, os olhos como luzes, os pelos em pé. As serpentes, os guaçuetês, os tigres olhavam, e também os porcos do mato olhavam como era a luta, como eu gritava e o Mau com sua algazarra me atacava, como me surrava.
— Você não pode contra o Senhor, frouxo, bandido.
Paqui chorou.
— Vamos voltar pra onde ficava a primeira casa, perto da vila. Estou com medo. Tudo aqui é gritaria. Tudo é feitiçaria. Você ficou amarelo e fraco. Quem é que vai cuidar de mim?
— Te abandonei duas vezes. O Senhor nunca.
— De que Senhor está falando? Sou homem da cidade, gente que sabe das coisas.

Naqueles dias chegou um povo àquele lugar. Paisanos da minha raça alvoroçados, o homem e a mulher, os filhos nos braços.
— Fica longe a vila? Nos perdemos de um grupo que vinha. Caminhamos do Pilcomayo, faz semanas que partimos. Em

pele e osso nós vivia ali, na pura miséria. Então viemos, pela palavra do missionário.

Vi como os cinco iam morrer na vila com a peste do branco.

— Assei um macaco essa manhã: comamos. Tenho água: bebamos.

Eles comiam e eu fui atrás da casa. Falei pro Senhor: "Por que eles têm que morrer? Cansaram-se os teus mensageiros, que querem tirar assim dessa gente o ar que respiram e os outros bens? Não dava pra fazer de outro jeito? Por que eles têm que morrer?"

Voltei aonde estavam e cortei o macaco pro Paqui e dei na boca dele.

Disseram:

— Passamos muito medo essa noite. Com tanta escuridão, os bichos do mato saíram pra fora de suas casas, com pelos eriçados, com bater de dentes, com olhos como luzes, e olhavam: havia gritos, batalha, vozes. E não de alma penada. De outra coisa.

— É o Mau, que briga comigo de noite e às vezes de dia. Os bichos se assustam, saem espiar. Não carece mais de ter medo, tem um que é mais forte.

Falei assim, sem saber que ia sentir medo outra vez.

Voltei atrás da casa e disse ao Senhor: "É preciso que esses cinco vivam, e o cachorro deles também. Por que os fez me encontrarem se não queria que vivessem? Nós já não morre por demais todo dia? Me dá um sinal."

E me acheguei pra comer com aquela gente.

Quando nós já tinha comido eu me retirei de novo pra pedir.

Estavam debaixo duma árvore, debaixo duma trepadeira. Era inverno, mas aquela trepadeira deu flor. A mulher disse:

— Voltou o leite que me faltava, que fugiu de mim no alvoroço.

Nada contei, pra que não me agradecessem por obras que são do Senhor. Mas ao Paqui eu contei, para seu ensinamento.

Uma noite veio o tigre. Andou e cheirou. Arranhou a parede de sapé: trrr. Farejou. Toda noite veio e cheirou. Frruu, frruu, o ar do seu nariz.

O Paqui tremia.

— Aumente o fogo, suba a chama que está escuro.

— Não sabe que fogo alto chama tigre, que pula por cima?

Levantei e fui até a porta:

— Tigre, vim te dizer pra ir embora. Nem te matarei nem nos matará, porque não viemos aqui buscando tigre.

Aquele tigre não veio mais de noite. Veio quando o sol se punha. Sentado debaixo de uma cinchona, nos olhava. Ele e sua companheira.

Paqui:

— Não vá me deixar aqui, sozinho com as feras. O que acha que eu sou, sobremesa? Se vai caçar, faça uma cerca bem feita, com varas grandes, pra que as feras não venham me comer na minha rede.

— Não posso fazer cerca. Uma cerca se vê do ar. Bem pouco bicho tem aqui pra comer, já passamos fome. Tive que aprender de novo a caçar, a pescar, fazer flechas, lançar. Foi difícil. Não tenho cão pra caçar. Sem um bom cão a vida é dura demais no mato. Se eu fizer uma cerca, o branco no avião voará baixo pra olhar. É famoso por ser curioso. E os bichos não voltarão aqui.

— Foi você que quis vir. Sou homem da cidade, acostumado na cidade. Não é justo me deixar jogado entre as feras enquanto você vai pro mato.

— O Senhor não nos fez vir pra ser comidos.

— Sou homem da cidade, não fale dessas coisas comigo. Não te escolhi pra companheiro. Me faça uma cerca.

As sementes da abóbora já tinham brotado, e comíamos abóbora, então aproveitei pra cortar os paus da cerca. Plantei as sementes outra vez, brotaram. Uma noite veio o guaçuetê e comeu. De manhã eu lhe disse:

— Você ganhou toda a mata de alimento e foi comer o nosso? Mas eu nem te cacei, nem usei tua pele, nem assei tua carne ainda. Moro aqui cuidando de um que não se vale sozinho por ordem do Senhor, não por vontade minha. E você, em que ajudou no nosso cumprir?

Voltou com sua família e comeram os talos até a terra. Ali eu fiquei fulo. Gritei na minha brabeza. Mas o guaçuetê não voltou por causa do jaguar que ficava na cinchona com sua companheira.

O Paqui:

— Vim te dizer que tenho uma coisa pra falar contigo. É assunto sério e escute direito, que você não é homem habituado a ideias. Estive pensando e não sou um zé-ninguém. Vim te dizer: por que não vamos trabalhar num circo? Você faria esses números com os animais e com as flores. A vida será melhor do que aqui. No circo tem mulheres. Tem viagens. Não terá que ficar correndo atrás de comida. Tem latrina, não terá que ficar procurando moita. E dinheiro pros dois. Disse pros dois porque sei falar, sou educado, viajado, vendi sabonetes finos, vivi em hotéis, cheguei até o Paraguai. Este Paqui aqui falaria por você. Você não fala castelhano. Não te culpo, considerando que nasceu entre as feras da floresta e que o teu idioma parece a tosse dos doentes. Falaria por você com o diretor do circo. Eu barbeado, de gravata, sapato lustrado. Você igual que agora, com essa juba e umas penas coloridas. Falaria com ele pra você fazer esses números com feras e flores. Está rindo? É a primeira vez que te ouço rir. Não é piada. E você tem bons dentes. Nisso eu te invejo, *che*. Pobre Paqui velho querido, nenhum dente bom no lugar. E vim te dizer: por que motivo acha que o teu deus obriga um bugrão mata-leão como você a cuidar deste grande senhor, deste cavalheiro? Para te ensinar a ser civilizado. E pra te ensinar a rir, cara de macaco. Você nunca ri. E pra te arrumar um trabalho decente, num circo ou em outro canto.

Levantei. Eu, o do longo caminho. Levantei. Beijei os pés daquele homem doente. E se assustou.

— Essa palavra foi colocada na tua boca. Eu ri, e o espírito que carrego se sentiu bem. Eu ri e vi melhor o rosto do Senhor no mundo: aquilo que é verde, tudo o que é bom. Vou dizer pra você: o nome daquele que eu carrego não sabe rir. Empurra, salta, mas não sabe rir. Também eu não tenho o riso perto do coração. E tenho que rir, porque o espírito que me deram não é risonho, mas o riso é bom pra ele e pra mim.

— Todas as tuas palavras me deixam doente, me chateiam, mataco dos infernos. Se eu pudesse morrer de tristeza morria agora mesmo, de desgosto. Se pudesse te ver morto aqui eu me alegraria, não fosse pela comida asquerosa que me dá. Estou cansado dessa tua cara, das tuas palavras, do teu cheiro de bicho. Num circo eu te aguentaria. Não falei nenhuma piada. Não sabe que tem um circo que vai a Orán, a Tartagal, que cruzou até a Bolívia? Estou cansado dessa vida e quero morrer. Não venha me falar de riso. Não me amole. E nunca mais diga essa palavra: Senhor.

— Em outros tempos você teria sentido a morte na pele por dizer isso, mas lutando contra o Mau eu me tornei tranquilo. Fique sabendo uma coisa: eu também não gosto das tuas palavras nem da tua cara nem do teu cheiro, e no entanto hoje você me fez ver a ponta do caminho que o Senhor pensou pra nós e que tantas vezes lhe perguntei sem resposta. Assim como um bem me vem de você, um bem tem que te chegar de mim. Não pode ser tudo ruim, como diz. Assim anunciaram uns que valem mais do que nós.

Um dia ouviram-se as plantas e chegou o cachorro daquela gente que eu discuti com o Senhor. Chegou cansado, pelado, mordido, sujo, assustado. Em minha alegria eu o abracei. Me lambeu. Eu o curei, o alimentei. "Sua gente está na vila", falou meu coração. Bom amigo, bom caçador, aquele cachorro preto e branco; bom perdigueiro. Caçamos juntos tatu, preguiça, xuri, javali. Defumados, no teto os pendurei. Pus os couros em outro pau, com o couro do primeiro viborão e de tantos outros bichos, macacos, porcos, e muitos animais que comemos porque já fazia um ano que estávamos ali.

    Éramos cinco naquele lugar, eu, o Paqui, o macaco, o papagaio e o cachorro que o Senhor me mandou. Bons meses vieram. Como tivemos carne, pude cortar os paus pra cerca do Paqui sem pensar em caçar com pressa. Também piquei e joguei na água as vísceras, os miolos, os olhos de todos os bichos, praquele peixe pequeno que vivia ali e se amontoava pra comer. E o pesquei com a rede fina que fiz uma vez, o assei embrulhado em folhas, o comemos.

    Metade da cerca eu tinha erguido naquele tempo, aí veio uma tempestade.

    Escuridão como aquela, barulho igual não se viu muitas vezes no mundo, trovão se juntando com trovão, o raio dando seu grito.

    A água não entrava na casa feita por minhas mãos. Era um bom teto e eu zelava dele.

    Naquela noite o Mau veio outra vez. Parado em cima do fogo.

    De novo eu tive medo. Minha língua ficou grudada, não pude dizer Senhor. Meus joelhos tremeram. Suei. Não me mexi.

    Por esse medo aconteceu isto:

    O raio foi cair numa árvore grande. E a árvore: "Aonde irei cair?" O medo: "Aqui, onde ninguém chama o Senhor." A árvore mudou de pensamento, caiu em cima da casa, afundou o teto. Morreu o fogo, aquele que eu trouxe da vila um ano antes. Em tal negrura, naquela água toda, o Paqui gritou: "Me salva daqui. Estou morrendo. Estou molhado." O papagaio berrou. O macaco berrou. O cachorro, junto ao meu corpo, quieto.

    Em minha vergonha, ouvi a risada do Mau.

Em minha vergonha: "Senhor, Senhor."
Tudo escuro, na água, sem fogo e com a perna quebrada.

Passamos maus bocados depois daquilo, sem fogo, a perna quebrada, a carne que defumei molhada da chuva. Com paus e corda consertei minha perna, e com barro seco, mas não ficou bom. Conhecendo os paus que são fogo, eu não conseguia tirar fogo deles. Rastejei pela terra. Só pude pescar em água vizinha, e poucos dias, e peixe pequeno, e sem brasa pra cozinhar. Naquele tempo o macaco morreu, triste, doente. O Paqui sentiu. Tinha lhe divertido, lhe dado comida na boca, catado piolho nele. Enterrei-o ao lado daquela cinchona onde o tigre vinha sentar com sua fêmea tantas tardes.

Duro tempo de sofrimento, pelo medo que eu tive e por não dizer Senhor. Sobrou o cachorro, meu companheiro. Sobrou o papagaio, companheiro do Paqui, com sua ladainha e suas risadas de mulher.

Uma noite o Senhor me perdoou e encontrei o fogo. Brilhava dentro de um tronco dos grandes, que queimam devagar por dias e meses até terminar. Agradeci, e meu coração que estava esmagado voltou a se erguer.

Quando pude, cacei outra vez. Levantei a casa quebrada. Tirei a árvore caída. Com os paus que esperavam cortados fiz a cerca. Falei com os mensageiros, e com quem os criou e manda.

Nesse dia que digo, meu coração: "Vai acontecer algo. Algo vai acontecer."

— Algo acontecerá hoje — falei pro Paqui. — Mas vi um rastro de tatu gigantesco e vou segui-lo pra que não nos falte alimento, haja o que houver.

Não respondeu. Andava brabo, xingador, doente naquele tempo, sem o macaco que o coçava, vomitando, inimigo de tudo. Nada falou. Busquei brasa, enrolei-a em folhas grandes e saí com o cachorro.

O cachorro não quis seguir. Pulou nas minhas mãos, chamou. Caminhei com ele. Debaixo da árvore, com sua espingarda, o caçador.

— Por Deus, paisano, eu te peço, me ajude, a víbora me picou.

Meu coração: "Mate-o."

— Se não fala espanhol, olhe essa perna. Minha vista está nublando.

— Meu coração diz preu te matar.

— Pelo amor de Deus, tenho seis filhos, sou de muito longe.

Como fazia meu pai, chupei e guspi pra curá-lo. Quando saiu o carocinho branco, mostrei a ele.

— O que é isso?

— Sinal de que pronto. Não tem mais veneno.

Meu coração: "Mate-o. Mate-o agora, já disse." E respondi: "Como vou matar alguém de quem tirei a morte? Não se dá aquilo que se roubou. Posso matar outro, se achar tão necessário." Passou o pássaro grande que chamam de aracuã, fiquei em pé, atirei a flecha, morreu. Quente e voejante, o cachorro o trouxe. Arranquei a flecha marcada com meu desenho e com ela saiu a vida do aracuã. E em sua tristeza de morrer, chorou. Afiei cada ponta de um pau e preguei suas asas bem abertas, mostrando cada pena. E botei ele no lugar daquele homem, sobre o calor e a marca do seu corpo.

Nas costas o carreguei, sua arma na minha mão. Descontente pelo encontro, não falei com ele. Feito morto, murcho, o carreguei. Paqui se alegrou ao vê-lo.

Deixei o homem na sombra. Alimentei o Paqui.

— Se este aqui abrir o olho, diga onde fica a água. A víbora lhe picou mas já o curei. Vou indo. Aquele tatu já deve estar bem longe.

Caminhamos eu e o cachorro até o fim da tarde sem comer. "Como pode andar tanto esse tatu? Que pensamento o faz caminhar assim?" No mato escurece cedo e é preta sua noite. Na última luz, a toca do tatu. Ali eu enchi a entrada com folha verde e galho seco que acendi, tapei com terra e pisoteei pulando e apertando com meus pés. Com outra brasa cozinhei dois sapos cururus que peguei pelo caminho. Cansados, comemos. Cansados, bebemos da moringa pequena.

Falei pro cachorro: "Vamos passar a noite aqui. Amanhã tiramos o tatu, defumamos, levamos."

Levantei pra cortar paus e fazer cama em cima duma árvore fina, onde não subisse tigre. Nessa hora soaram os tiros. Todo pássaro do mato se assustou e voou. Todo bicho ficou mudo. Soavam longe, de um lado, muitos. E do lado da casa, poucos.

Meu coração pulou, ferveu: "Como não perguntei praquele homem se estava sozinho? Agora estarão todos na casa, e algo vai acontecer."

Pro cachorro: "Vamos embora, mesmo não sendo bom andar de noite no mato. Amanhã buscamos o tatu."

Mas o cachorro não quis andar de noite. Sentava nos meus pés e chorava. Levantei ele do chão e andei. Andamos a noite inteira.

No escuro da alvorada fui até a cinchona, trepei pra olhar por cima da cerca e senti meus pés molhados. Vi os caçadores conversando, as barracas, o fogo alto.

Aquele Paqui, contente, pra todo mundo:

— Vocês me veem roubado por um índio que não tem bom juízo. Fala sozinho, grita na noite, pula, bufa. Já vai pra três anos que me pegou, não me larga, me leva aonde vai. Vocês me veem barbudo, doente, sujo, desesperado. Não posso escapar. Me alimenta com pedaços de víbora, gafanhoto, lagartixa, com terra, com formigas. Chamo a morte e ela não me livra. Sou homem que conhece o mundo. Viajei. Sou homem de hotéis, de vermute, de amigos. Me levem com vocês, me deixem na vila e voltarei a viver.

O papagaio gritou ali suas palavras, suas risadas de mulher.

— O índio que lhe ensinou essas coisas. Aprendeu castelhano com os padres.

Eles riram.

— Que padres!

— Que padres! — disse o Paqui.

Naquela hora saiu o sol e olhei meus pés: vermelhos de sangue. Uma poça de sangue debaixo da cinchona.

Estaqueado na casa, o couro do jaguar.

Outra vez meu coração pulou e ferveu: "Que pensamento fez o tigre vir pra cá, pro barulho dos tiros e dos caçadores? Não são coisas de tigre. Agora está morto, por causa desse pensamento que não era de tigre. Sua companheira chorará pela mata com a alma furiosa, abandonada."

O caçador picado pela víbora:

— Mas ele salvou minha vida. Pode ser louco, mas me curou. Quero vê-lo de novo e lhe dar dinheiro.

Fechou os olhos, doente. Não tinha suas forças ainda.

— Não, não! Me levem com vocês antes que ele volte. Está longe, caçando.

— É homem sozinho. Nós, seis e armados. Temos jipe e levamos o senhor também. Ele salvou a minha vida. Quero lhe dar dinheiro. Como se chama?

— Eisejuaz. Mas não precisa de dinheiro, podem acreditar.

Os caçadores:

— É justo pagar a ele pelo que fez.

Ficaram em pé. Atiraram seus tiros no ar. Gritaram:

— Eisejuaz! Eisejuaz!

Os pássaros do mato se alvoroçaram e bateram nas folhas e nos galhos e abandonaram seus ninhos, e em seu medo e sua pressa os ovos caíram e espatifaram no chão, uns com o suco amarelo saindo pela racha, outros com o pinto de olho esbugalhado já morto do golpe, assomando, sem movimento. Igual, do mesmo jeito, Este Também, Eisejuaz se quebrou por dentro, se alvoroçou, se abriu quando seu nome foi dito assim no ar, no vento. O nome, que não se deve dizer dessa forma, o segredo do homem. O coração viu tudo preto, perdeu o sentido. Vim a cair da cinchona e fiquei no capim, escondido, dizendo ao Senhor: "Que desgraça você está me preparando agora que meu nome ecoou desse jeito, em qualquer canto, em qualquer boca? Água derramada não se junta mais. O vento não volta atrás. O espírito que eu carrego, Água Que Corre, se escondeu, não respira com força."

Dentro daquela hora ruim, mais antes ou mais depois, ouvi outro tiro. Passei muito tempo ali por causa do meu nome dispersado. E quando meus olhos viram, o sol tinha caminhado. O sangue do tigre estava preto, ao lado da cinchona, ao meu lado, e as moscas cantavam sobre ele.

Haviam partido. Aberta a cerca, caída a trava do portão, que era um tronco posto por mim mas que precisou de dois pra erguer. Partiram com seus carros de mato, levaram o Paqui.

Tudo levaram, pela palavra do Paqui:

O machado, o carrinho de mão, a rede, as camisas: a vermelha, as minhas azul e branca, o pneu do carro, os trecos de pescar, a moringa d'água, a grelha de arame, as três latas pequenas e a grande de cozinhar, os couros de todos os bichos, as penas, os ovos de xuri que pendurei vazios pra enfeite, as carapaças de tatupeba, as abóboras pra comer, a carne defumada.

— É tudo meu. Ele come carne crua, bebe no rio, é um selvagem.

Naquela casa vazia, parado, olhando.

E pensei no cachorro.

Naquela hora vi o papagaio. Morto de um tiro que lhe atravessou o corpo.

Esse mesmo tiro chegou no cachorro, entrou no seu fígado. Como o tigre, aquele cachorro encontrou seu fim nesse dia. Pulei, toquei nele, era meu companheiro. Abriu seu olho triste e vomitou um sangue. E morreu.

Ali me subiu no pescoço a tristeza, a raiva. Me apertou, me fez queimar. Mortos aqueles bichos sem culpa, e seu sangue no chão, e a formiga farejando.

Pensei em enterrar o cachorro no meio da clareira, no meio da cerca que fiz com a minha mão. E o papagaio debaixo da cinchona onde está o macaco.

Aquele que me habita se levantou e me disse: "É justo o que está pensando?"

Com minha faca e com minhas mãos fiz por isso um fosso no meio da clareira e da cerca e o forrei com folhas grandes. Pus ali o cachorro e o papagaio juntos, como é justo. "Cumpriram, já podem descansar", disse a eles, três vezes. Cobri com terra até que não se viu nada, nem uma pena, nem um pelo, e apertei com meus pés.

Naquela hora olhei à minha volta. Todo pássaro calado, todo bicho quieto em seu medo dos caçadores.

Estive por me alegrar. Casa vazia, brasa, faca, flechas boas que me custou conseguir, cada uma com seu desenho conhecido por mim. Eu sozinho, com a moringa pequena e aquele tatu grande pra defumar.

A alegria me subiu no coração, no rosto, ali naquele lugar que ficou chamado de Aquele Que É.

O avião apareceu. Com sua curiosidade, pra ver a clareira. Com seu barulho, e cada pássaro foi embora pra sempre. Com seu brilho, e saudou mas não me mexi. Com seu voo, e disse: "Vai abandonar aquele branco, é?"

O avião falou com seu brilho, seu voo, seu barulho, dizendo: "E aquele que te encomendaram?"

E partiu.

— Já entendi. Estou indo. Cumprirei.

A VOLTA

Já ia chegando na vila pelo caminho e o carro do reverendo freou ali na frente dos meus passos, e seus filhos, feito cria amarela de galinha, estavam com ele. O caçula, que gostava de mim mais do que nenhum, vi crescido. E não me olhava. Nenhum, só o reverendo me olhou na cara:

— É você, Lisandro Vega? Nu, manco, com essa pinta? Vê no que dá abandonar o caminho do bem? Aproxime-se, venha que eu te mostro, quero ver se ainda ousa pisar na nossa vila, se ainda bate esse teu coração esquecido de todo ensinamento. Leia este jornal.

— Não leio mais, reverendo.

— Vinte anos na missão e não lê?

— Não leio. Sei ler mas não leio.

Olhei aquele jornal que ele me mostrou em sua raiva. Vi a foto do Paqui barbeado, vestido. E a foto do carrinho de mão que eu consertei com sua borda de paus, e dos couros dos bichos e toda coisa que ele trouxe junto.

— Vou te dizer o que diz esse jornal, então. Diz que você, capataz da missão dos noruegueses, roubou este homem doente e o levou para viver no mato. Que gritou toda noite falando sozinho, que comeu as orelhas de uma mulher assadas na brasa, que deu insetos para o homem doente comer, e que caçadores o salvaram. Veio uma inspeção da igreja norueguesa. Depois de tantos anos de benefícios, nenhuma voz toca o seu coração? Você precisa abandonar o demônio. Ajoelhe-se aqui na terra e peça perdão àquele que tudo pode e tudo perdoa. Na terra. Agora. Aqui.

— Não posso pedir perdão por mentiras, reverendo. Por outras coisas posso, mas não por estas.

— Por estas, sim! Não há um único paisano na missão nem na vila que não saiba que é verdade: você roubou aquele doente, o levou para o mato. No dia da inspeção eles contaram.

Em minha vergonha, não falei. A força que eu trazia do mato, força emprestada que amedrontou o tigre, que fez nascer a flor no inverno, me faltou. Olhei os filhos do reverendo mas nenhum levantou os olhos pra me olhar.

— Adeus, então, Vega! Quem sabe sua santa mulher te ajude do céu!

Saiu com seu carro de mato. Virou na curva, a terra se ergueu alta.

Ali soou aquele barulho. Ali as plantas do barranco arrancaram o verde, vergaram, se despedaçam. Corri. Aquele carro tinha capotado, tinha rodado, vi as rodas no ar, correndo como na terra. Vi os filhos se ajuntando, gritando como pintos. Gritei, desci pelo barranco. Os filhos dispararam de mim, corriam.

Morto, o reverendo. Os miolos pra fora. O tutano saindo do espinhaço. Gritei pros filhos:

— Não corram! Voltem!

Correram longe, gritaram.

Saltou um ruído. E o fogo. Alto ele surgiu, nos bancos, na roupa, mais alto, nas plantas, ficaram vermelhas, pretas. Tinha chovido e por isso não queimou o barranco inteiro naquela hora. Alto, o fogo gritou. Abriu sua boca para gritar. Como leite, ferveram os miolos do reverendo, ferveu o tutano em seu osso. Mostrou os dentes no calor.

Subi o barranco. Os filhos corriam e gritavam e caíam. Gritavam, se levantavam e corriam e chegaram à vila.

A mãe de Yadí, Pocho Zavalía, meu irmão, tecendo em sua casa.

— O que faz por aqui amigo, filho, como é que anda assim?

— Venho de novo. Vou trabalhar. Por onde anda teu filho, aquele que foi meu irmão no mato?

— Senta aqui então, e vai tomar água quente com capim, que a essa hora não tenho mais nada pro teu estômago e o meu. Cortarei esse cabelo tão grande que você tem. Quem é que vai te dar trabalho, quem é que vai falar contigo se te vê assim? Lembra quando tinha pente, você? Quando teve bicicleta? Bom você foi com nós, boa tua mulher. Sem filho, sem neto, sem bisneto você ficou.

— Bisneto é muito, mulher. Corte o meu cabelo e algum dia poderei te agradecer. Onde anda meu amigo, teu filho, a essa hora?

— Está vindo do mato? Dizem que você foi lá. Comeu guaçuetê, porco, xuri? Meu coração sonha com um naco disso. De noite mastigo no meu sonho. Eu, sem dentes, eu, comedora de um punhadinho de macarrão.

— Comi, sim. Ainda vive aquele teu filho, meu irmão no mato?

— Vive, sim. Vivemos todos, menos meu neto grande. Meu neto mais bonito, mais forte, mais querido.

— Naquela vila eu estava quando morreu teu neto. Vai pra dois anos que falto lá, nada mais. Vou esperar teu filho sentado aqui.

— Amigo, as coisas mudaram. O povo se zangou contigo. Um tempo te amaram como ninguém, um tempo que já passou. Teu amigo, meu filho, se zangou também. Em sua miséria precisavam de um chefe, você era chefe e foi embora com aquele homem. Dizem coisas que não se deve dizer. Não se zangue, não se levante, nesse mundo eu vi muita raiva que cresce e se apaga. Vi que tudo passa.

— Já não me zango como antes, e a morte não me corre nas mãos como ontem. Me deram uma força nova lá no mato. Mas me levanto. Mas digo: fui bom irmão pro teu filho em cada hora. Lá no mato e aqui na vila. Sem me esconder do patrão nem de ninguém lhe dei madeira da serraria, comida se pude, trabalho se pude lhe arrumei. Não se zangou naquele tempo comigo. Não é justo que se zangue agora, quando nada não tenho para dar.

Naquela tarde eu caminhei até a casa que fiz por minhas mãos, bem pra trás da linha do trem. O lugar que foi chamado de O Que Se Vê, e que era sagrado, onde os mensageiros falaram comigo e rancaram a cabreúva, esse lugar já estava ocupado, cheio de gente, família de branco pobre vivendo na casa.

E lembrei do sonho que me foi mandado antes de sair, onde cruzamos aquele rio sem nos molhar e eu levei aquela cabreúva como bengala.

— Sei que não me enganei. Sei que cumprimos a tua ordem.

Aquela gente correu falar comigo: "Ninguém reclamou. A casa é nossa."

Então me lembrei da estrela d'alva, e como ela me saudou. Do sol, e como ele nos olhou. Nada disse eu. Não falei com eles. Parti.

Naquela tarde o enterro do reverendo passou pela vila. Passaram os filhos, o doutor, a enfermeira do postinho, os paisanos da missão levantando poeira naquela tarde, no enterro do reverendo.

Uma vez eu disse praquele homem que me ensinou as coisas do cristão: "Como o xuri caçado vê sua cria correr, tão pequena demais pra viver, você verá teus filhos correrem e estará morrendo. Eisejuaz não poderá impedir, ninguém não poderá." Agora vejo por que eu disse aquilo. Agora o vejo se enterrar.

Alguém ri, perto de mim. A velha do povo chahuanco, amiga do diabo, riu de mim:

— Eu sabia quando, você não. Agora ainda sei quando vamos nos encontrar, você ainda não.

Ninguém me deu trabalho. Ninguém quis falar comigo. Feito cachorro doente para os meus, feito cachorro doente para os brancos, feito cachorro que se achega, treme, olha e ninguém quer olhar. Eu passava e não me viam. Cruzavam a rua pra não cruzar comigo. Feito cegos quando cumprimentei.

Sozinho, perguntei ao meu coração: "Onde ponho o pé que levanto? Que caminho você sabe para mim?"
— Falou: "Caminhe, não pergunte."

A velha da casa das mulheres:
— Ei, você. Pra limpar, varrer, levar os baldes, regar: te dou comida, mais nada.
Falei:
— Tá bom.

Eisejuaz na casa das mulheres levou água, varreu. Chefe em seu coração, não falou. Trouxe lenha, carregou roupa suja. Limpou a casinha dos fundos com o cheiro de tanta imundície. Conhecedor do mal entre os seus, viu uma tristeza nova. Não disse nada. Ouviu briga, viu choro, viu riso, viu miséria. Viu filho sem nascer cheio de moscas no fundo do poço.

Atrás da parede, em terra de nenhum, fez um canto pra dormir.

Falou praquele que sabe os porquês:

"Já não pergunto nada. Aqui estou. Tampouco não te pergunto por aquele que você me encomendou. Já lembro como teus mensageiros uma vez cantaram: esperará e verá."

Antes do sol: buscar lenha. Na calçada, o velho que mancava. Quis se esconder, não pôde, falou:

— Homem grande, o que faz aqui, é rico agora?

— O que faz você, tão antes do sol?

— Nada. Sou velho, ninguém me quer, não durmo bem, ando pelas ruas. Só isso.

Mentia. Mas como me odiava por causa de sua filha achando que não a curei, não falei uma palavra, fui embora.

Uns soldados de Tartagal vieram desfilar na praça pela festa pátria. Eisejuaz disse: "Irei olhar a festa pátria." Aquela voz que faz música e diz "Vão ao cinema" também se ouve da casa das mulheres e em toda a vila. Naquele dia soou forte. A velha da casa das mulheres e o homem que parece ser o dono, e algumas delas, se lavaram pra ir na festa pátria, saíram. Eisejuaz caminhou até a praça. Prefeito novo havia, mas igual era aquele palco e suas bandeiras, igual, tudo igual, os padres e as escolas, e o doutor e o turco no palco, e aquelas freiras caminhando, cantando. Igual. E também o paisano, com seu temor, olhando de longe.

Eisejuaz caminhou, e quando passou, seus paisanos olharam pro outro lado. Eisejuaz caminhou e olhou a festa pátria naquela praça. E dona Eulália, a dona do hotel, o viu lá do palco, e quando olhou pra ela, ela olhou pro outro lado. A mulher daquele que foi seu patrão, López Segura, olhou pro outro lado.

Disse este homem praquele que tudo vê:

"Não reclamo, mas isso acontece por aquilo que você deixou sair no jornal. Então eu te peço: faça com que meu coração não se canse demais, porque isso é cansativo."

Os soldados de Tartagal passaram com seu tambor, com sua bandeira, marchando, ecoando com o pé, bonito de olhar. E um que era paisano mataco errou uma vez o passo. Passaram as escolas, e aquele homem moço que estudava não estava mais ali. Passaram, e o povo alegre, aplaudindo.

De tarde:

— Vega, vá buscar vinho que aí vêm os soldados.

Trouxe vinho de garrafão.

— Traga cachaça, traga carne, traga linguiça.

— Mais lenha.

— Vega, você vai fazer um churrasco.

Chegaram os soldados, lotaram o corredor, o quintal, beberam, gritaram, cantou-se. As mulheres correram na noite, riram.

Fiz aquele fogo, pus os espetos em roda, inclinados, pro calor pegar neles. O fogo ergueu sua chama, acendeu contente a lenha, que era seca, sem fumaça. Pus aquelas linguiças enfileiradas na grelha, as espetei, salpiquei a carne com salmoura da garrafa e a salmoura chiou no calor da carne.

Os soldados, de gozação:

— Falta muito? Precisa de ajuda?

Na hora certa esparramei a brasa na terra e o suco das linguiças caía sobre as brasas, e o suor do meu corpo caía no chão. Pus tijolos de cada lado e apoiei os espetos, uma ponta nuns tijolos, outra ponta em outros. Com um pau ajeitei as brasas. O calor subiu parelho e a carne assou. Minha comida sempre faltava naquele lugar. Peguei duas linguiças e um pão e meti tudo na taipa, que tinha buracos, e tampei com um pedaço de pau.

A velha veio olhar o churrasco:

— Estão faltando linguiças. Tinha trinta e seis, tem trinta e quatro.

Não olhei pra ela nem falei com ela.

Foi procurar o homem que parecia ser o dono, que senta toda tarde no quintal pra ler jornal, e trouxe ele junto.

— Não vê que estão faltando linguiças? Tinha três dúzias, faltam duas.

Ali em pé eles contaram as linguiças da grelha. O homem:

— Vega: é um bom churrasco.

E foi embora.

Os soldados gritando: "Está pronto. Está pronto." Erguendo os braços: "Vamos comer."

Comeram, riram, puseram música, levantavam os vestidos das mulheres.

Peguei minha comida, pulei pro outro lado da taipa e comi. Meu corpo se alegrou com aquela comida quente. O suco das linguiças pingou nos meus braços e lambi. Satisfeito, levantei pra olhar, porque a lua tinha saído. E vi uma nuvem pequena defronte da lua, com duas cores nas bordas. Olhei pra ela, porque aquela nuvem pequena parecia querendo falar comigo, mas não falou, passou defronte da lua, caminhou seu caminho com paz e sem pressa. Olhando o mundo nessa noite, aquela nuvem santa que eu olhei.

Depois fiquei naquele canto feito por mim com uma tábua e com galhos naquele terreno de ninguém, e dormi tranquilo.

Brigou-se no quintal aquela noite.

A mulher velha:

— Vega, Vega, Vega, Vega!

Pulei ali.

Contra a mesa, erguendo a faca, aquele soldado paisano que errou o passo no desfile. Seu companheiro branco morrendo perto do fogo, uma tripa com banha amarela saindo da barriga.

— O que você fez? — eu, na nossa língua. — Dá aqui essa faca.

Dos quartos, o povo espiando, nu. E o soldado branco se contorceu, morreu. A tripa escura nas cinzas.

Naquela hora vi sua alma se erguendo, assustada, olhando um por um, já querendo se perder, errar o caminho. Apontei pra ela. Gritei pra ela na minha língua:

— Não! Não vai andar assim como está querendo, penada, fazendo barulho e tumultuando e sofrendo! Eisejuaz, Este Também, o do longo caminho, o comprado pelo Senhor, Água Que Corre, o espírito que o habita te ordenam: vá para o teu descanso, esqueça esse mundo de sombras e socos. Esqueça teus pais que te esperam, esqueça teus irmãos em Tartagal. O mundo praonde você vai é bom. Procure por ele. Eu te ordeno.

Aquela alma obedeceu, encontrou seu caminho, partiu.

O povo assustado, se vestindo, olhando.

E olhei praquele mataco moço com a faca na mão, com as pernas tremendo de raiva, como se assustava, como mexia os olhos, não sabia o que fazer. Sua boca, seca, se abria. Seu coração minguou.

— Dá aqui essa faca. Do que te acontecer agora e depois não tenha medo. Não tenho filho. Não me deram um por tua causa. Você é meu filho de agora em diante. Minha alma cuidará da tua nos anos afora. Quando sair de lá, aonde te levam, já não estarei neste mundo. Mas este espírito que me habita e que está te vendo e cujo nome você ouviu se alembrará de ti quando eu for terra e capim. Ele se ocupará do teu. Te acompanhará nos dias afora, e na última hora, até seu lugar.

Me deu a faca. A polícia já ia entrando, puseram ferros nele, o empurraram. E olhou pra mim. Olhei pra ele. Já jogaram um pano em cima do morto. Já o levaram.

Vazio ficou aquele quintal ali.

Uma mulher daquela casa, filha de gringos, loira, se lavava mais que as outras e lavava suas roupas, e comprou um balde grande pra água. Disse:

— Vega, peço que todo dia leve esse balde pro meu quarto porque você é forçudo, e nada mais que nisso vou te incomodar.

Falei:

— Tá bom.

E todo dia levei pra ela aquele balde.

Essa mulher conversava muito com os homens e a velha lhe disse:

— Não fale tanto porque tem outros esperando e não se deve perder tempo.

Não mudou seu costume de conversar. Então a velha foi e falou com o homem naquele quintal. E pra mulher:

— É a última vez que digo, e dom Mário sabe.

— Sim, senhora.

Galuzzo, o caminhoneiro, irmão daquele que salvei da víbora por causa da maleta do Paqui, foi uma noite com aquela mulher loira filha de gringos. E a velha levantou pra escutar. E chamou aquele homem do quintal, e os dois escutaram em pé atrás da porta. Ouviram ela conversar e rir com aquele caminhoneiro Galuzzo.

Bem tarde da noite castigaram a mulher com rebenques, o homem e a velha a levaram pro quintal, a empurraram, foram embora. Trepei na taipa. No chão, sangrando, o nariz quebrado, aquela uma. Busquei água, ajudei ela.

— Minha mãe me salvaria, mas já não vive, não vive mais não.

Aquela uma escapou depois daquela casa. As outras: "Já já vão pegar ela." Uma, chorando: "Daqui ninguém escapa." Dormia com ela à noite. "Ninguém escapa." E também, zangada: "Por que não contou pra mim?"

Depois de um mês a trouxeram de volta. Magra feito morta, cada osso pra fora com sua pele. Não falou mais com homens nem com ninguém, nem abriu a boca pra falar.

E quando o tempo passou ela engordou de novo, até riu.

Falou pra mim:

— Não pense que não sei agradecer. Pode ser paisano, mas ninguém além de você me ajudou. Aqui estou, uma vez, para tuas vontades.

Atrás da casinha dos fundos lhe agradeci, e ali ela me fez aquele favor.

Uma vez vi o Gómez, do bar, saindo da casa das mulheres.

— Então você trabalha aqui, *che* Vega? Que tal? Diversão é que não falta.

Não falei.

— Deve estar contente. Se vê de tudo um pouco.

— Nada vejo nesta casa que você não veja todo dia em teu bar.

Riu, em sua falsidade.

— Parece que algumas coisinhas aqui não se veem assim, em todo bar.

Nada falei, e entrei. A velha:

— Como é que você conhece esse homem?

— Trabalhamos no hotel da dona Eulália já faz tempo. Ele, garçom no salão, eu, ajudante na cozinha.

— Pois te digo *che*, que ele é o dono desta casa. Ninguém na vila sabe a não ser a mulher dele, o homem que trabalha aqui e eu que estou te contando.

Nada falei.

— Mas você não é desses que saem contando segredo, não é? Nem dirá o que acabo de dizer.

E me deu um cigarro.

— Como se vira sem dinheiro, só com a comida? Será que está contente aqui, então? Melhor que com tua gente, não é?

— Lugares tristes há muitos. E eu conheço todos.
— Todos, não — e deu risada.
— Quase todos.

Aquela mulher que dormia à noite com a mulher loira me falou uma vez:

— Viu que tem uma paisana tua trabalhando na casa?
— Não.
— Faz dias que ela chegou, como não viu?
— Não vi mulher nova nessa casa.
— Bom, algumas não quiseram ela aqui. Mas quem é que liga pra nós? Escute bem: tem dois homens, um dessa vila e outro de Tartagal, que andam loucos, e nessa casa vai ter confusão por causa daquela mataca e daqueles dois. Amanhã o médico vem examinar. Se estiver atento poderá vê-la. Fale com ela. Diga que vá amolar em outro canto.

Mas na hora do doutor eu estava cortando lenha longe dali, porque a velha não queria comprar lenha havendo mato ali perto. E pensei: "Se aquela não estiver mentindo, como é que não vi mulher nova na casa?"

E estando ali onde durmo, uma noite teve gritos grandíssimos na casa das mulheres.

O homem da vila estava no quarto com aquela afamada mulher mataca e veio o de Tartagal, com muito álcool, e se zangou. Ouvi sua voz gritando grandemente:

— Já disse o que ia te acontecer!

Era homem forte e entrou no quarto, bateu no outro, arrastou pelos cabelos aquela mulher do jeito que estava até o quintal, e ali deitou em cima dela e gritou:

— Podem olhar, venham e olhem!

E fez o que quis aquele homem furioso. A mulher gritava, e o outro que tinha apanhado pulou em cima do homem de Tartagal. Aquelas mulheres e homens saíam pelas portas. E mais de um homem fugiu sem pagar.

Saí pro quintal e bati primeiro no homem da vila pra tirá-lo do caminho, e ele foi cair atrás da poltrona onde o tal de Mário lê toda tarde. E o de Tartagal levantou, arrastou aquela mulher debaixo do poste, gritando:

— Para que aprendam direito!

E a virou, e mais uma vez.

Mas na luz eu vi. Era aquela que me disse "Já sou mulher" e chorou, a filha do velho que manca por causa da flecha que entrou no seu traseiro.

Bati naquele homem bêbado de Tartagal e ele caiu no quintal com as pernas abertas.

E aquela me viu. Aquela, que tantos dias se escondeu de mim nessa casa. E gritou feito tigra:

— Você! Você! É por você que estou aqui. Por você!

Pulou. Arranhou meu peito com os cacos do chão, eu a agarrei, ela me mordeu. Feito tigra:

— Por culpa tua, por você estou aqui!

— Tirem eles daqui! — as mulheres. — Fede a índio nessa casa! Isso aqui não é mais vida. Fora, selvagens! — E também: — Vista-se, índia imunda.

O homem Mário e a velha agarrando-a, segurando-a:

— Vocês não encostem nesta.

— Leve ela pro quarto. Faça ela ficar quieta, Vega.

A polícia chegando.

— Leve ela, feche a porta. Fechem suas portas. Silêncio.

O quarto daquela moça, luz vermelha e cama bonita de ferro revirada em suas cobertas, e tanta flor daquela de lavar com sabão.
Tanta lágrima caindo e ela sem abrir o olho. Mas uma vez tinha aberto o olho, me viu empurrar seu pai, roubar o álcool do hospital. Mas enfiou a cabeça debaixo do travesseiro e gritou feito alma que foge, feito tigra, saltou com seu corpo sujo da terra do quintal e do sangue nas pernas, urrando em sua vergonha e sua raiva. E disse:
— Quero ficar sozinha! Só isso!

Lá naquele terreno de ninguém onde eu durmo peguei uma bengala pesada que é obra de minhas mãos e andei sem me cuidar, bati nos paus e nos galhos e rompi e tombei e caminhei e corri. E falei praquele que tudo vê e tudo permite:
"Não posso mais me calar, nem ter o coração quieto, nem dizer: Aqui estou. Digo: Como é que é isso? Digo: Fui fiel. Fui com aquele branco odioso do meu coração. Cumpri. Não reclamei. Mas reclamo agora. Reclamo. Digo: Como é que é isso? Como aquela que era como a flor precisa estar nessas coisas? Como assim, por obra minha? Para isso a vida dela foi salva? De que vale então o cumprir de um homem fiel? Pude lhe dizer 'Tá bom', como eu queria. Pude levá-la comigo, como era bom pra ela e pra mim. Não digo mais: Aqui estou. Digo: Como é que é isso? Por que é que é isso? Digo: Alguém me responda. Digo: Por quê? Já se cansou meu grande cansaço, se encheu meu pensamento de ver sofrer, de olhar coisas que não se pode ver. Por acaso o homem foi feito pra isso? E não fui fiel por acaso? Não vim do mato pela palavra do missionário e

vi morrer de peste aqueles que mais amei, vindos pela minha palavra? Disse algo? Pedi algo pra mim? Pedi ser chefe como pensou meu coração, salvar meu povo como era meu desejo, não passar vergonha diante dos meus como era meu direito? Por acaso eu disse: dê-me outra vez a visão de tua grandeza como aquele dia no hotel lavando pratos? Segurei a língua e não dei um pio. Vi sofrer minha mulher, minha companheira, morrendo ali entre gritos, e não me vinguei. Fui expulso da missão com insulto, com mentira. Você me retirou os mensageiros da vida, e não gritei. Inocentes morreram por minha causa, e não falei. E também cansei de ser bom. Mas você me perdoou quando aquela moça filha da morte foi curada naquela hora, sem respiração, o peito partido, e eu fui curado como sinal do teu perdão. Sofro a cada hora de injustiça e de vergonha, e não reclamo. Como o peixe no fundo da água eu digo: Aqui estou. Mas digo também e rugindo, como todos os bichos que rugem: Como é que é isso? Como é? Como é?"

Aquele terreno ficou pelado nessa noite. Pálidas, estilhaçadas, moídas as plantas com minha bengala e com meus passos. E nessa hora ruim saiu o sol. Falei pra ele:

— Senhor dos mensageiros do Senhor, não posso te cumprimentar neste dia porque uma noite negra continua no meu coração e continuará, e o mal do mundo rebentou minh'alma e sua tristeza vai escapando, e digo apenas: Como é que é isso? Como é? Como é?

Desde então aquele lugar se chamou: Como é Que é Isso?

Aquela moça, de noite, no terreno.

— Por que me ensinaram a usar vestido, a ter vergonha? Pra quê a esposa do homem moço cuidou de mim, boa pra mim como uma mãe, mulher daquele que você conheceu e que é professor? Meu pai me levou pra Missão Chaquenha, sei me lavar, costurar, aprendi a respeitar. Pra quê? Meu pai me trouxe aqui também. Toda semana ele passa buscar seu dinheiro. Não chorou por mim no hospital? Não foi te buscar buscando minha saúde? Disse agora, caminhando comigo: "Naquele lugar você vai ficar bem, apesar que vi ali Eisejuaz, aquele homem mau, e você terá que se cuidar dele." Minha mãe me abandonou no mato, cansada de homem inválido. Foi embora com um moço, levando um filho mais querido que eu pra ela. Ali deve estar naquela vida, sem pensar em mim, a mãe que me teve em seu corpo, que me fez nascer. Por que não me matou aquela madrugada no susto e na pressa enquanto todos dormiam, antes de fugir, já que seu coração não me queria, que me achou feia e frágil como o filhote que cai do ninho e abre a boca em sua fome e seu apelo, sente que vai morrer, seus pais voam aflitos rente ao chão e gritam querendo ajudá-lo e não podem, e ali ele morre e é comido pelas formigas? Por quê? Mas ela me abandonou, eu vivi, meu pai se veio com o missionário. Uma criança tem o coração humilde, não diz "por quê?" Segue seu pai. Na Missão Chaquenha me ensinaram. Sendo de seis anos costurei pra mim um vestido. Sendo de sete, remendei as roupas dele. Não chorou no hospital? Agora me disse: "Naquele lugar você vai ficar bem, mas vi ali Eisejuaz, homem mau." Pensei: "Irei e o verei. Irei e falarei com ele." Contente: "Irei, ali estará." Com meu primeiro sangue de mulher fui até a bica d'água te buscar. Debaixo do quebracho eu te vi, morrendo, e falei: "Ele não é assim." Te vi no hospital: "Igual a ele não existe." Te vi: "É bom, grande em sua alma. Homem nenhum me olhará nem me terá. Com meu primeiro sangue serei sua mulher." Agora você já me viu naquele quintal, diante dos teus olhos e de todos os olhos. Já viu todas as coisas minhas. Já me viu ali. Me viu. Me viu ali.

— Não chore tão grandemente muito, você, que é uma flor nesse mundo. Se teu pai te vendeu, a mim te trouxe. Se te perdeu, eu te ganho. Se te deixaram, te encontrei.

— Meu pai é velho, doente, sofre necessidades. Mas você me viu, falou comigo na bica d'água. Eu te disse: "Não carece de mulher pra casar?" Você me disse: "Já é mulher? Mulher seria? Mas minha vida já entrou em seu último trecho e não me pedem isso. Outra coisa me pedem, e agora mesmo não sei qual é." E você correu. Buscou aquele sujo que estava morrendo, o carregou, o levou pra viver. Mas, e eu? Não era mais do que aquele pedaço podre dos brancos? E eu? Teria ido servir você e ele, buscar água pra você e pra ele, buscar comida pra você e pra ele, costurar roupa pra você e pra ele, fazer fogo pra você e pra ele. Mas, você me olhou? Eu disse: "Sou mulher", chorei de minha vergonha. Você não me olhou, correu pra casa quebrada levantar aquele pedaço morto dos brancos, carregá-lo, servi-lo. Acha que não te vi trabalhar pra ele? Você me deu tua moringa. Levei. Não quebrei. Cuidei daquela moringa. Não preciso mais dela. Meu pai a usará, ele que me trouxe aqui, me deixou sozinha, não me disse adeus. Abriram a porta do meu quarto e achei que era ele, e era aquela velha. Abriram e achei que era você, mas era aquele que veio de Tartagal, o primeiro que tive em minha cama. Mas eu tinha te falado: "Não carece de mulher pra casar? Já sou mulher." Velho eu te vejo, não anda como antes,

mas continua forte e você pra mim está sempre bom. Tenho quatorze de minha idade.
— Tenho quarenta e dois. Tinha quinze quando casei com minha mulher. Manco fiquei no mato, castigado por minha fraqueza. Mas melhor que teu pai ainda ando?
— Nunca te vi rir. Você riu e meu coração se acalmou.
— Eu ri e o espírito que me habita viu melhor, sentiu sua força.
— Digo e digo de novo: por que essas coisas, pra quê esperei, pra quê cobri meu corpo com vestidos?
— E eu digo: por que não procurou trabalho melhor, de empregada, limpando?
— Por que não procurou você? E o que faz aqui, escravo da imundície por um prato de comida?
— A vida se tornou difícil pra mim. Ninguém quer me ver. Não chore tanto. Não disse que tinha se acalmado teu coração?
— Se acalma e se agita toda hora. Mas agora eu quero que saiba esta coisa: estou faz duas semanas nesta casa. Machucada, doente você me vê. As mulheres caçoam de mim, não me querem, prendem o nariz quando eu passo, dão tapas na boca. Mas te digo, para que depois não me despreze: quantos dias passarão até me ver contente? Porque, quando viu um de nós com quarto, com cama, com cobertas, com luz, com alimento, com roupa? Um dia direi como meu pai: aqui é um lugar para ficar bem. Além do mais, conheci aquilo que a mulher procura, aquilo que o homem procura. E que eu procuro também. Procurarei depois. Quantos dias passarão até você me ver rir, até eu perder a vergonha? Por isso choro. Choro por tudo o que pensei de mim, e como estou. Por tudo o que achei de mim, e como sou.

— E por acaso não pensei coisas grandes de mim? Isso que vou te contar me contou dona Eulália, que é dona do hotel. Ali onde ficam as linhas do trem e os galpões, antes não tinha nada. Veio acampar ali gente das nossas, espiar os que faziam o hotel, os que faziam o trem. Os chefes pegavam suas filhas e traziam elas, exibiam elas. As mulheres nossas abriam as pernas, se mostravam, berravam, rebolavam. E os brancos: "Tá bom, você." Ou: "Essa aí." Ou "Aquela ali." E elas vinham, contentes. Contentes seus maridos, seus pais. Ouvi dizer: "Mataco é assim. O mais pior, o mais bruto. Chiriguano sente desprezo." Em meu pensamento eu disse naqueles anos: Este povo é assim porque tem muito tempo que não lhe foi dado chefe pensador. Chefe bravo e pensador é a alegria de um povo. Diz: Não se empresta mulher por dinheiro. Diz: Não se enterra morto em cova pequena e pisando em cima. O povo se zanga, fala. Ele fala mais alto, se zanga mais, castiga. Ensina. Fala com o bruxo, com o velho que sabe e ninguém escuta. Agora vão criando o homem jovem numa lei nova. Também teve bruxo pensador que soube falar com chefe e mudaram o povo. "Isso não se faz. Isso se deve fazer. Aqui tem remédio. Aqui tem comida. Isso é errado, ou adoece, ou mata." Com os anos, aquele povo vira forte, bom. Ajudante de cozinha no hotel, pensei: "Nasci chefe e é pra isso. Ninguém não escolhe o povo em que nasceu, nem sua hora, nem seu corpo, nem a alma que o habita. Esse meu povo é bruto, anda bicho, anda confuso. Pra isso eu nasci. E vou cumprir." Meu coração pulava, fervia em seus pensamentos. Eu não sabia o nome do espírito que carrego, mas todo dia eu pensava naquele trabalho. Pensei no toba, no chahuanco, em tantos. Meu pensamento se alevantava. Naquele tempo o

Senhor falou comigo: "Um dia me dará tuas mãos." Por cinco dias com suas noites não falei nem comi. Depois esperei: "Darei minhas mãos, por isso do meu povo ele há de ser." Depois tive um pensamento novo: "Já terminou nossa hora no mato, já terminou o mato e todo bicho do mato. É a hora do branco. O caminho do paisano terá que passar por ali." Me preparei, falando com o Senhor, trabalhando dia e noite. Fizeram de mim capataz da missão. "Aqui vou aprender. Estarei pronto na hora que o Senhor disser." Fui representante do paisano, falando com o prefeito, meu patrão López Segura. "Aqui eu aprendo." Que nada. Fui expulso da missão. Os mensageiros da vida foram retirados de mim. Naquela hora você me viu, morrendo, debaixo do quebracho. Caminhei pra pedir conselho a um homem sábio. A cada passo ouvi soar esta palavra: "Entregará tuas mãos e começará o bem." Voltando, pensei: "Me foi dado conhecer o homem moço que vai pro mato ser professor. Ele é pensador, eu sou chefe. Juntos, poderemos trabalhar." Mas naquele tempo me cansei de chamar pelo Senhor e uma noite negra me cobriu. Você me curou, no hospital. Eu te curei, sem pedir nem saber. Curado, esperei. Soube que deveria entregar as mãos praquele que ouvi chamarem de carniça dos brancos. Cumpri. Parei meus pensamentos. No mato me foi dada uma força nova. Agora eu passo o dia esperando um aviso e não posso me alegrar pensando: "Sou livre. Servirei meu povo." Meu povo me odeia, o branco não me quer e ainda tenho que servir aquele que me entregaram e que não sei onde está. Digo a você: É difícil cumprir neste mundo de sombras. Mas não podemos chorar pelo que somos. Apenas dizer "Aqui estou, e em minha cegueira eu digo: Tá

bom." Assim como diz em sua cegueira a semente que nada sabe, e nasce a árvore, que ela não conhece.
— Eu não quero dizer: tá bom. Nem digo: tá bom. Nem direi: tá bom. Quero dizer: me tire daqui antes que me ouça dizer "não me leve, estou melhor aqui do que em outro lugar."
— Machucada, doente eu te vejo. Não digo tá bom pra isso. Digo: durma comigo, deixe aquela cama, vamos embora.
— Abatido, miserável eu te vejo. Digo: pra mim você está bom, está sempre bom.

Naquele canto que eu fiz com galhos, aquela que eu vi filha da morte foi minha mulher. Mas, vendo o sol sair, me disse:
— Escutei no meu sonho as palavras que você falou ontem: o que significa "Passo o dia esperando um aviso, tenho que servir aquele que me entregaram e que não sei onde está"?
— É a verdade. E também falei: é difícil cumprir neste mundo de sombras.

E levantou braba, pulou aquela taipa, voltou pra casa das mulheres.

Meu coração: "Ande pela vila. Passe pelo hotel."
Saí levando o carrinho de mão e o machado, andei pela vila e passei pelo hotel. Lá de dentro me viu dona Eulália, olhou pro outro lado, mas mandou um menino correr atrás de mim.
— Senhor, este envelope está no hotel já faz tempo em nome seu. Quem deixou foi um de Buenos Aires, caçador, homem rico. E é dinheiro.

Naquele envelope tinha uma nota.
Guardei a nota e caminhei até a mercearia do Gómez.

— O que faz por aqui, Vega?

Enquanto teve gente, nada falei. Ficamos sozinhos:

— Já está você sabendo, Gómez, que naquela casa onde trabalho tem uma mulher do meu povo. Te digo: você sabe que sempre conheci coisas por caminhos que ninguém sabe. Sei que você é o dono daquela casa. Por isso digo: te dou esta nota pra que esqueçam essa mulher e deixem ela livre e não procurem ela nunca. E não me diga: Vega, não sei do que está falando.

— Aquela mulher é tua filha, tua neta, tua namorada?

— É parente, por parentesco que você não é homem de entender. E esta é a nota que digo.

— Sente aí um pouco e espie.

— Não posso. Se saí buscar lenha, devo levar lenha.

— Tenho lenha nos fundos. Você já leva. Sente um pouco e espere.

Entraram clientes, compraram, foram embora. Pararam caminhoneiros, beberam, foram embora. Gómez:

— Viu? Já ganhei mais do que essa tua nota. Que negócio é esse que está pensando que pensa? Tua nota não me interessa, amigo. É bem pouco.

Assim falou aquele que tanto medo já teve de mim.

Essa noite na casa das mulheres eu varri, levei água, e não vi a moça. De novo se escondeu de mim. Quis vê-la e não pude. Havia trabalho e várias mulheres saíram pra divertir o prefeito.

Na manhã seguinte, aquela que era loira filha de gringos me falou:

— Parabéns. Sabia que tua paisana teve cliente que pagou pela noite inteira? Chegou cedo, foi embora hoje.

Nada falei. E ela:

— Homem casado. Gómez, o que tem mercearia.

Naquela hora meu coração viu tudo preto. Caminhei e saí pro mato. Fiz minha pintura com carvão e pintei de preto meu corpo, preta minha cara. Chamei os mensageiros da morte, pra que me dessem sua força. Mensageiros da briga, do sangue. Vieram, me deram de beber a seiva escura de suas bocas. Lamberam minha faca. Lavei o rosto mas guardei o corpo preto debaixo das roupas, e a testa preta debaixo do cabelo.

E caminhei pra voltar à vila. Caminhei pra matar o Gómez em sua mercearia, atrás do balcão.

Caminhei, e uma mulher vinha caminhando. Mulher dos nossos, mataca. Com seu lenço na cabeça e a corda na testa carregando carga nas costas, e era carga de banana. Disse:

— Aonde vai, Eisejuaz, Este Também?

Pensei: "Como ousa me chamar pelo nome?"

— Aonde está indo, caminhante?

Nessa hora minha faca caiu. Juntei e aquela mulher não estava mais. Quem era, conhecida de meu coração?

Então falei:

— Era Quiyiye, Lucía Suárez, minha companheira.

Gritei. Não estava mais. Quis correr. Pra onde?

Vi no chão a marca do seu pé, com o sinal que ela tinha na sola.

Naquela hora chorei falando com minha mulher, Lucía Suárez, Quiyiye, minha companheira. Voltei pro mato, chorei, lavei de mim todo aquele preto.

De tarde esperei aquela moça, e vi quando ela saía da casinha dos fundos.

— Mulher, como já se esqueceu deste homem?

Atrás da casinha ela falou comigo, e chorou:

— Se ninguém pensa em mim, eu mesma pensarei. Se ninguém me ajuda, eu me ajudarei. Nada mais me importa.

— Eu pensei, sim. E te ajudarei, sim. Tenho dinheiro e sei. Você vai pegar o ônibus pra Orán e procurar um homem, Ayó, Vicente Aparício, que vive ali. Dirá a ele: quem me manda é aquele pra quem você devolveu os mensageiros do Senhor. Ele estará na porta de sua casa, é homem velho, homem de saber. Aonde ele te puser, ninguém te encontrará. Aonde trabalhar, ninguém te buscará. Verão teu rosto e não te reconhecerão. Irá pelas ruas e ninguém te tocará. Um véu te cobrirá pela mão dele. Sua mulher é gringa, suas filhas trabalham ali. Aquela será tua casa, ali te cuidarão. Um dia que eu não conheço nos veremos de novo. Quero que saiba: já não me resta muito tempo nessa terra.

— Então vou ficar aqui, onde te vejo! Então quero morrer contigo!

— Se não partir amanhã antes do sol, não sairá mais daqui senão velha, doente ou morta.

Uma das mulheres:

— Nem ao banheiro se pode ir em paz agora, com esses índios gralhando e metendo o nariz em tudo!

Antes da luz primeira do sol, aquela moça pulando a taipa. E nas mãos não levava nada.

O ônibus que viaja a Orán com suas luzes abertas, já roncando. Comprei uma passagem.
— Não sei subir nisso, e tenho medo.
— Quando os outros subirem você sobe e senta. Vai gostar. Esse dinheiro é teu. Vai te servir.
Ela disse:
— Dê ao meu pai. É velho, está inválido, já não sabe onde encontrar dinheiro.
— Não é homem que mereça nada.
— Ele me cuidou quando eu não podia me valer, quando minha mãe me deixou. Cozinhou frutas, amassou, botou na minha boca. Buscou o verme gordo. Cantou pra mim. Não falo de merecer. Não quero que sofra fome.
Falei:
— Leve então esta parte do dinheiro e dê pra mulher de Ayó, porque mulher põe o olho em coisas outras que o homem. E esta parte será pro seu pai.
— Você não disse "durma comigo, deixe aquela cama, vamos embora"? Deixei a cama e todas as coisas novas que eu tinha ali. Por que não vem?
— Já sabe o teu coração por quê.
Saiu o sol, senhor dos mensageiros. Tocou o ônibus e aquele ônibus brilhou, saudou. Tocou as casas e a madeira das casas se alegrou, cantou. Tocou até a placa daquela mercearia, com sua garrafa. O do ônibus:
— Estamos saindo. Oi, Vega. Não vem?
— Não. Essa irmã minha está indo pra Orán. Cuide dela, *che*.
Subiu, aquela moça, e vi como o véu que eu disse já cobria seus passos. Ninguém não a iria reconhecer, ninguém tocar

nem deter. Subiu, com seu medo. Subiu e sentou. Subiu e me olhou. Aquele ônibus partiu.

Alguém riu perto de mim: a velha do povo chahuanco, sentada no chão, com uma bengala.

E olhei então pra ela, velha amiga do diabo. Uma risada veio no meu coração. E essa risada se ergueu, alta, forte, mensageira do Senhor, lavou todas as coisas. A velha, assustada, quis se afastar, caminhou. O espírito que carrego, Água que Corre, se espraiou. Tudo brilhou diante dos seus olhos.

AS COROAS

A primeira notícia:

— Quero falar com um senhor Lisandro Vega.

— *Che*, Vega, vá falar lá fora. É mulher. Quer entrar, não sabe que casa é esta.

Aquela mulher:

— Estou doente e sem remédio. Venho lhe pedir uma palavra praquele que cura, que faz o surdo ouvir e o manco andar, aquele que o senhor conhece.

— Não sei quem aquele é.

Chorou.

— Senhora: conheci um homem como aquele uma vez no tempo. Não curava, não fazia andar, mas se estiver vivo poderá fazer, porque a força do Senhor lhe sai pela pele e pela palavra. É homem dos franciscanos. Estava no engenho, perto de Orán.

— Agora está em Tartagal.

— Era em Tartagal aquele terreno que não tinha poço d'água?

— Não sei não...

— Deve de ser. No tempo que digo, o rico estava expulsando ele do engenho com todo seu povo chiriguano pra plantar cana no lugar das casas e da escola, e eu vi o caminho que saía do coração dele. Porém aquele homem e um chefe amigo,

Tatuapeba Glutão, tinham feito a derrubada com suas mãos no primeiro tempo. Mas o rico, escravo de sua riqueza, não pode escolher.

— Senhor Vega, pelo amor de Deus, estou lhe pedindo uma palavra praquele homem, que não tenho salvação.

— Não posso dar essa palavra. Aquele homem não se lembra de mim.

— Lembra. Por isso vim.

E falei:

— Não sei que palavra posso dar, senhora.

Partiu chorando aquela mulher, as mãos na cabeça, e perguntei ao Senhor:

"Por que não me foi dado consolar gente nenhuma?"

Certa noite chegou um homem à casa das mulheres, mas não olhou pra elas. Disse:

— Não trabalha aqui um que chamam de Vega?

Mandaram me buscar. Quando o vi o reconheci. Era o mais moço dos três chaquenhos que me ofereceram churrasco quando caminhei até Orán, aquele que cantou. Me reconheceu:

— Paisano... É o senhor?

E não falou mais. Saímos praquele quintal. Ele disse:

— Meu pai, aquele homem que o senhor viu daquela vez, caiu do cavalo. Ficou mal. Minha mãe está desesperada. Quer uma palavra do senhor praquele homem que dá visão ao cego e que está em Tartagal.

— Amigo, não posso dar essa palavra. Quem sou eu pra dar?

— Quem é ou deixa de ser não é da minha conta. Sei que o senhor o conhece. Não lhe peço mais nada. Nossa roça fica longe, viajei a noite inteira, passei o dia perguntando. Por fim me deram o nome do senhor, e como lhe encontrar.

— Vieram uma vez com essa pergunta e não sei como vêm até mim. Aquele homem, se estiver em Tartagal, não precisa de palavra alheia. Ele olhava e consolava. Falava e o Senhor saía por sua boca. Leve seu pai a ele. Eu não posso fazer nada.

As mulheres o chamavam. Ele saiu sem olhar.

Comprar vinho, me mandou a velha um dia. E aquele menino que me deu o dinheiro me seguiu pela rua. Andei e andei. Disse a ele:

— Está me seguindo, é?
— Dona Eulália, a dona do hotel, pede que vá falar com ela.
— Eu?
— Sim, senhor.

No hotel, dona Eulália:

— Lisandro, meu filho, o tempo passa e você não muda. Está sempre forte, bonito, sempre com esse pescoço de touro, esse peito de boi. Por que anda desse jeito, então? Pobre de mim, velha, pesada, o tempo me aflige, mas São José não abandona seus fiéis. Meus olhos estão nublando, ninguém pensa em mim: não limpam as gaiolas dos pássaros pra mim, não trocam as sementes. As flores estão morrendo no jardim, ninguém dá de comer pras galinhas. Estou falando contigo agora e não te vejo. Te conheço pelo tamanho, meu filho. Minha língua gruda no céu da boca. Agora minha boca parece algodão. Não me deixam tomar água porque engordo. Quatorze comprimidos diferentes tomo todo dia pra saúde. Mas não quero morrer, viu? Por que será que ainda gosto da vida? Me disseram que você procurou trabalho em certa casa, meu filho. É isso que os protestantes te ensinaram? Não tem outro lugar pra trabalhar nessa vila? Deve ter pensado: "Eu, com esse corpo, um homão desses, tenho que aproveitar a vida." Homem só pensa nessas coisas. Tem o sangue forte, que não deixa dormir. Imagino que devam te pagar bem. Porém, meu filho, é um lugar maligno para a saúde. Não digo só da alma, mas também do corpo. Há doenças que infectam o sangue desde a raiz. Homem não pensa em nada quando esse capricho entra na cabeça. Eu, pobre velha devota de São José puríssimo que sou, digo isso porque desejo teu bem. O reumatismo não me deixa dormir. Me afogo. Sete travesseiros uso na cama e não sustentam meu descanso. Choro e ninguém quer me consolar. De que vale uma nora para uma velha abandonada? Só pra desejar a morte de quem lhe deu tudo. Lhe deu seu filho, lhe deu casa, lhe dá tudo. Um filho, se estiver casado, escuta mais a mulher do que a mãe que lhe sacrificou a vida. Empregadas? Você sabe como elas são. De noite não estão. A atual não sai do quarto dos viajantes. Você sabe, meu filho: é preciso fazer olhos cegos, pois o quarto que alugam é a casa deles. Filho, na minha ancianidade só me resta recorrer ao que sempre tem compaixão, aquele que eu disse que é nosso único consolo, mas você não me ouviu. Olha, dos rapazes que trabalharam aqui naquele tempo em que você lavava pratos, só o Gómez virou homem decente, de proveito. Você teve tudo e botou a perder. E ainda foi praquela casa onde posso imaginar quanto rebuliço deve de ter, quantas vergonhas, quantas mulheres perdidas e homens extraviados. Deve ser verdade o que dizem, que tem mulheres peladas nas festas e homens bêbados que fazem com elas o que querem, que rasgam suas blusas e elas riem, que o bendito Senhor as perdoe. É verdade? É? Você viu? Hein? Mas

São José protege seus fiéis, o puríssimo santo do céu. Lisandro, meu filho, soube coisas de você que não acreditei, enfim, até o jornal publicou. Agora vou dizer por que te chamei, porque você a gente precisa chamar, agreste do jeito que é, orgulhoso, ingrato, não vem visitar os protetores da tua juventude. Sei que conhece aquele homem maravilhoso, aquele santo. As árvores queimaram em Tartagal pela palavra dele. O povo reunido viu aquilo, gritou. Muitos se curaram. Alguns malvados se tornaram bons. Já o pastor norueguês, viu só que fim teve? Bem que eu falei: "Não vá com eles, são hereges, são estrangeiros." Mas quem pode mudar essa tua cabeça dura? Meu filho, só quero te pedir uma coisa. Aquele homem vem à vila amanhã. Só te peço: abra caminho pra mim até ele, você que o conhece, você que é forte, pra mim que estou pesada e cega. Diga uma palavra a ele por mim.

— Amanhã, ele vem?

— Meu filho, a piedade popular o traz. Uma coisa te peço, uma só: venha ao hotel, me encontre às nove da manhã, me acompanhe, abra caminho para mim. Minha saúde depende desse momento, minha vida depende. Gosto da vida porque não me canso de fazer o bem, você sabe. Não te dei trabalho desde jovenzinho? Não te dei conselhos? Não protegi tua mulher? Você não levava as sobras da cozinha? Chegou a hora de saber agradecer. Não falhe comigo. Vai estar aqui amanhã às nove?

— Onde está aquele sabiá boliviano assobiador?

— Meu *Pochito*! Se lembra dele? Coitadinho do meu *Pochito* querido. Veja só que coração mole que eu tenho, já começo a chorar. Alguém fez maldade pra ele, morreu. Essas chinas não têm jeito nem remédio. Disseram que ele comeu demais. Como que ia comer demais? E aquele viajante? Cada vez que vinha a mesma história: "Esse pássaro não deixa dormir, se escuta por toda parte desde o amanhecer." E todo mundo lhe dando razão. O que será que fizeram pra ele, pobre animalzinho inocente? O que será que comeu aquele mimoso, que botava a cabeça na grade pra gente coçar? Como é mole o meu coração. Só você se lembra, Lisandro. E eu, quanto chorei!

— Melhor morto. Não era bicho bom.

— Não aprendeu nada de civilização nesta casa? Te espero amanhã às nove meu filho, me abrirá caminho, dirá uma palavra por mim.

Saí daquele hotel. Vi a viga de quebracho que carreguei sozinho até o refeitório. Vi a cozinha onde o Senhor falou comigo.

Essa noite naquele terreno, falei com os mensageiros e os vi. Pulando, voando por toda parte. E vi o mensageiro da noite pela primeira vez. Se alevantou. Azul. Alto. Eu o conheci e o saudei.

Tanta gente se empurrando, se alvoroçando perto do hotel da viúva magra. Gritando. Como as ondas do rio quando sobe, avançando, atropelando. Com doentes. Erguendo seus filhos. Como a água contra o barro da margem, como enxame zumbidor na árvore, aquela gente pisoteando, chorando. Dona Eulália com seu filho. Eu na frente: "Abram caminho, deixem passar." "Que viessem antes! Dormimos na rua! Esperamos a noite toda."

Vi que a viúva magra tinha derrubado a parede de um quarto e ali entrava o povo berrando, tremulavam bandeiras, luz de velas, fumaça. Cantavam: "Bendito Deus bendito", com tanta lágrima e empurrão naquele lugar que eu não gostava, e o meu coração, a cada passo: "Mas o que é isso? Saia já daqui."

Naquela bagunça duas mulheres com fitas vermelhas, com cestas: "Doação, doação!" Recolhiam moedas, dinheiros, anéis, um lenço, recolhiam abóbora, ovos, um pouco de macarrão. "Doação!", aquelas mulheres nesse sufoco, empurrando, de má vontade. E tanta gente afligida, gritando, cansada: "Santo! Santo! A palavra!" E aquelas duas: "Doação!" Tantos tossindo na fumaça, desmaiando. Dona Eulália:

— Estou morrendo, me sinto mal. Meu filho, não te vejo, onde está? Não me empurrem.

Uma colcha pendia no fundo daquele quarto.

Uma mulher, das de fita vermelha:

— Silêncio! Silêncio para receber a palavra!

Naquela hora afastaram a colcha pendurada no fundo. Vi uma porta fechada.

Um velho:

— Estou curado! Posso andar!

Levantou, chorou. Aquela gente:

— Milagre!

Um só grito grande.

E uma das mulheres, erguendo os braços:

— Silêncio.

Todos se calaram. E calados choravam, esperavam. E a porta se abriu. E na porta, numa cama alta, barbudo, o Paqui.

Lá fora um caminhão com muitas colchas e quadros saía, atropelava. Com seu canto "Bendito, bendito", aquela gente empurrava o caminhão, rancava pedaços de pano, de imagens, de tábua. O caminhão andava. O povo: "Por aqui! Vai sair por aqui! Uma palavra!"

— Vega! Vega! Minha mãe!

Dona Eulália tombada, todo mundo tropeçando, pisoteando nela. Voltei para trás. "Saiam! Saiam daqui!" A língua dela pra fora, os óculos quebrados. Tropeçavam, caíam por cima dela, pisoteavam nela. Ali largou sangue preto pela boca, ali virou os olhos, ali eu vi ela morrer.

— Vega!

Arrastamos dona Eulália pra fora. Os sapatos dela ficaram lá dentro. Já não vivia. O filho:

— Chame um médico, índio bruto! Um doutor, um doutor! Socorro! Mãe, mãezinha!

Aquele caminhão entrou com tudo no hotel pela parede derrubada. Vi o Paqui no ar, em sua maca, entrando no caminhão, e o botavam numa cama de colcha carmesim. O povo erguendo seus doentes, sua filharada: "Uma palavra! Uma palavra!" O Paqui:

— Esta noite lutei com o Mau e venci. Fiquem tranquilos.

Um só grito grande.

Caminhei a tarde inteira seguindo o rastro daquele caminhão. E depois o segui seguindo a voz do meu coração, porque luz já não havia. E vi um resplendor debaixo dumas árvores. Era o caminhão, e a luz estava ali dentro. Então me aproximei e olhei.

Vi aquele Paqui naquela cama, limpo. As mulheres contavam as esmolas das cestas, de um lado colocavam o que era comida, de outro o que era joia, e de outro o dinheiro. Naquele caminhão com imagens e cartazes tinha um fogareiro. Deram comida na boca do Paqui, limpavam sua baba. "Mestre", diziam. E ele:

— Outro travesseiro. Mais comida. Água.

Davam, depressa, caladas.

E comeram naquela mesa, sem falar, sem levantar a cabeça.

Passado o tempo, ele disse:

— Estão perdoadas.

Levantaram, empurraram a mesa, chorando beijaram seus pés, suas mãos.

— Que não se repita.

Choraram de novo, balançaram a cabeça.

— Desvistam-se agora. Podem vir.

Vergonha me deu de ficar ali. Caminhei pela noite.

As árvores se quebraram defronte ao cinema com seus galhos cheios de gente, e a terra da rua era uma nuvem grandíssima com aquele esperneio e aquele tropel e o pisar de tantos. A fila da polícia com seus paus foi cortada, sacudida. Vi aquele franciscano de calça cinza tirando fotos, e ele disse:

— O bispo de Orán tem que intervir.

Homens apressados desceram de um caminhão com uma máquina.

Nessa hora vi aquela gente do meu povo que se perdeu no mato, os donos do cachorro que foi meu companheiro, por quem lutei até a morte falando com o Senhor. Um branco os trazia.

— Aqui estão. Falem. É da televisão.

A mulher, assustada:

— É verdade, sim. Comendo junto com ele o leite voltou no meu corpo e a flor brotou no inverno.

O marido:

— Eu vi e é verdade. Comendo junto com esse que chamam de Mestre.

Falavam a nossa língua. Um paisano ia dizendo em espanhol.

O branco, em voz alta:

— O que comeram naquela solidão, naquele barraco?

Quietos. Tiveram vergonha de dizer macaco. Disseram:

— Não lembramos.

O caminhão vermelho do Paqui chegou, o povo arrancando pedaços dele, berrando. A polícia com seus paus, batendo, empurrando. O Paqui, na maca, assustado. O caminhão caminhou para trás entrando no cinema. E os cartazes do cinema caíram com o peso de tanta multidão.

Entrei com muita força naquele lugar que eu não conhecia, e de novo as bandeiras, os gritos, o doente nas cobertas, aquele cheiro, aquele canto, de novo aquelas mulheres: "doação, doação!" E cada qual dava o que podia.

Uma cortina enorme pendia. Cada um olhava pra ela.

Se abriu. E vi a polícia ali em fila, aquele gordo que dirigia o caminhão. E trouxeram o Paqui na maca alta.

Com o barulho do trovão todos se levantaram, pularam, "Santo! Santo! Uma palavra", mas o gordo:

— Se alguém se mexer, o Mestre vai embora. O Senhor está em toda parte. Quietos e silêncio!

— Licença — os homens com sua máquina —, é da televisão, licença.

— Uma palavra! Uma palavra! Bendito! Bendito!

O Paqui, em voz alta:

— O Senhor falou comigo! Eu falei com ele! É um só, não morrerá. Vi o jaguar manso. O senhor fala comigo, falou comigo.

Levantei. Caminhei. Me viu, aquele Paqui. Ficou pálido. Calado. Devagar me aproximei. Subi aqueles degraus. Olhava pra mim. Falei pra ele:

— Quero saber uma coisa: por que o cachorro e o papagaio tinham que morrer?

— Ele quer me matar! Ele quer me matar!

Com o barulho do trovão aquela gente, outra vez. Uma mulher:

— Este aí jogou ele na água do córrego até o ver afogado, mas o Senhor o ressuscitou. Matem ele! Peguem ele!

Aquela uma vivia com outros na primeira casa, naquele lugar chamado O Que Se Vê, e tinha medo que eu voltasse pra reclamar a casa. Outro:

— Canibal! Canibal!

Outros:

— Polícia! Peguem ele! Este aí o levou pro mato pra matá-lo, mas o tigre o protegeu, o guaçuetê cuidou do milho pra ele.

Ali eu olhei. Vi os mensageiros do Senhor. Feito palha quando o vento sopra, girando, se atropelando, eu os vi. E vi outra vez o mensageiro da noite.

Olhei praquela gente. Ficaram quietos. As bandeiras balançavam, mas ninguém não falou. Olhei pra polícia. Nenhum não arredou. Olhei pro gordo: não respirou.

Olhei pro Paqui.

O Paqui, a boca aberta, pálido. Ali sua cabeça tombou.

Devagar, saí. Os mensageiros me rodeavam. E aquela cortina grande, velha, caiu em cima do Paqui, em cima da polícia, em cima do povo. Mas eu não a vi.

Não vi. Era de noite e caminhei, vendo os mensageiros, sem falar. E sentei na porta de um jardim. Atrás de mim vinha uma mulher daquelas da casa, a que de noite dorme com a filha dos gringos, e me falou:

—Vega, o que houve? Eu estava no fundo. O pano caiu. O que aconteceu?

— Não sei. Mas diga àquela senhorita que dorme contigo que o balde d'água que deixei hoje pra ela foi o último. Não volto mais a trabalhar ali.

— Pra onde você vai? O que foi que aconteceu?

— Não sei, mas é assim.

Foi embora aquela mulher. E pensei na minha companheira, Quiyiye, Lucía Suarez, quando a vi carregando bananas e falou comigo. Nesse jardim tinha uma bananeira com fruta madura. Cortei o cacho inteiro de banana. O cão bravo daquela casa veio. Mas não latiu. Olhei pra ele: "Está vendo? Tem que ser assim." Nada disse ele. Fui embora com aquela banana toda. No outro dia me fiz uma casa em cima de um barranco, com latas e com paus. E comi aquela banana sem trabalhar, esperando, por nove dias, falando com o Senhor.

Certa manhã, bichos do mato andaram pelas ruas: o porco, o guaçuetê, o macaco no telhado das casas. A víbora corria sem olhar para os lados, subiu nos bancos da praça. O povo:

— O rio! Entrou no mato! Está crescendo!

Trepavam nos morros. Metiam nos carros seus móveis, seus filhos. E pros caminhoneiros de boi, de gasolina, de toras, pros homens do ônibus:

— Amigo, eu pago. Leve minha gente, minhas coisas.

Gritavam pelas ruas, assustados.

— Levou a ponte nova e dois carros que iam atravessando! Esse rio Bermejo é desmedido.

— Entrou no cemitério, destruiu muito!

O caixão daquele turco rico, que morreu no calor bruto voltando do enterro do dentista, é levado rio abaixo, depressa, boiando. Duas mulheres daquela casa, de manhã:

— Adeus, Vega. Vá olhar. Rachou o caixão de Dona Eulália, a velha do hotel. O cabelo dela cresceu, foi enterrada com traje de festa.

Elas riam. O povo se apressava. O Paqui com seu caminhão andava longe, por outras vilas.

Encontrei um paisano velho na bica d'água. Carregou um carrinho de madeira com latas cheias e não tinha força pra fazê-lo andar. Levei o carrinho até lá em cima, na porta da missão onde fui capataz tantos anos.

— Obrigado, *che*. Viu o rio? Tal como está, não vem sozinho.

— Não entendo, *che padre*.

— Alguma outra coisa vai acompanhá-lo, muita chuva ou muito frio, vá saber.
— Frio, aqui?
— Não se descuide.

Pensando que "os velhos sabem das coisas e há de ser chuva", consertei o telhado da minha casa, que era a mais pior das casas feitas por minhas mãos, porque eu já não tinha meu machado e catava o que encontrava e botava ali em cima. E embora o rio não entrou na vila, por causa daquela crescente teve trabalho pra mim: de carregar, levar, trazer, erguer, na ponte e no cemitério antigo, e noutro que fizeram depois num lugar que o rio não alcança. Comprei um machado.

Mas frio fez. O maior que pudesse pensar o pensamento, ninguém não lembrou frio igual. Paisanos morreram aos montes, doentes, fracos como andam, e sobretudo crianças, velhos, muitos com o fôlego partido no peito. Morreram brancos, e como não? Congelaram as frutas todas das chácaras dos gringos: morango e todo tipo de fruta, e a verdura que dá tanto nas roças dali. Os caminhões não tinham o que levar a não ser lenha e couro mal curtido de animal que morreu doente. Nem o *colla* tinha o que catar. E morreram congelados de frio muitos animais do Chaco. Tanta árvore ficou preta e não renasceu. O gado não soube o que comer. A terra feito pedra. A cana perdida. E de tanta tristeza somente o turco andava alegre, vendendo casaco, roupa, aquecedor. A lenha ficou cara como também o carvão, e com o machado não me faltou trabalho.

Naqueles dias vi uma revoada que cruzava gritando. Olhei. Vi que voava de um jeito diferente. Cumprimentei. E a escutei. Dizia: "Estão vindo, estão vindo." "Tá bom", falei pro Senhor.

Essa tarde, aquela moça apareceu ali.

— Vim pra não te deixar nesse frio. Vim te fazer fogo, dormir contigo. Vim porque você não foi me buscar em Orán. Tem saúde, tem comida, está bem?

— Estou, agora que te vejo. E continuo esperando aquele, como disse. Por isso não te busquei.

A alegria veio no meu coração.

— Está vendo este que trago?

Vi um menino bonito, forte, os dentes recém trocados.

— Nasceu gêmeo de outro. O pai quis matar. Não tem comida no mato, você sabe. A mulher daquele que é professor falou: "Dá ele pra mim." Deu um nome. Eles também não podem alimentá-lo agora, andam doentes, é duro viver ali. Os vi em Orán, iam pro hospital. Falei: "Dá ele pra mim." E aqui está. Se chama Félix Da Mata.

— Vê que tenho machado? Hei de fazer uma casa pra vocês dois, porque não vai demorar aquele que me encomendaram. Uns pássaros me disseram: "Já estão vindo." Veio você. Falta aquele. Não há de dormir onde ele dorme, nem respirar onde ele respira.

"Tomara que esteja morto", era meu pensamento. "Não estará morto?" e "Tomara que esteja morto" foram, por tantos meses, meu pensamento e meu desejo.

Naquele frio, no amanhecer, na porta da minha casa, o Paqui. Nada falei. Botei ele pra dentro. De olhos fechados, ele não quis falar. Pus lenha no fogo. Não me olhou. Esquentei água, joguei capim nela, fiz ele tomar. Tomou. Não me olhou. Ali eu dei risada.

— Você ri? — brabo.

— É a melhor coisa que você me ensinou.

Não falou. Fraco, tremendo, sujo. Quieto, no seu canto.

Aquela moça e o menino olharam pela porta. Riram, olhando pra ele.

— Não riam. Sofre. Há que deixar ele em paz.

— Quero te dizer: encontrei meu pai. Chorava. Dei a ele duas batatas.

O Paqui:

— Não quero mais ouvir esse latido asqueroso, esse barulho de vômito! Tenho que ficar aqui de novo? Aqui? Nessa miséria de novo, nesse lixo de novo?

O sol subia naquele frio matador de tantos e aquele gelo feito pó no prado virava água, e naquela umidade os pés do caminhante se molhavam.

— Se não tivesse roubado tudo quando partiu, algo acharia de útil. Miséria você encontra, miséria nos deixou. O que é que você podia fazer com o machado, com minhas camisas, com o carrinho de mão? Por que o papagaio e o cachorro tiveram que morrer? Maldade pura. Aqui está você, e do que teve nada te resta. Nem, por obra tua, resta a mim pra fazer tua vida mais melhor.

Brabo, sujo, quieto, tremendo, em seu canto, chorou.

Desci de manhã até o mato onde o rio uma vez entrou crescido, mole ainda e negro, com barro, com bicho morto, folha podre, desci e andei por aquele lugar e andei por aquele dia inteiro e com minhas mãos fiz um lugar santo, limpo, em roda. E fiquei em pé pra visitar o homem do conselho, Ayó, Vicente Aparício. Ergui os braços naquela solidão, procurando por ele. Na bruma e negrura daquela roda eu subi, procurando no ar e no espaço e no tempo por aquele do conselho. Ali o vi, coberto com pele de javali, me olhando, sentado, na negrura da minha visita. E me olhou sério, não contente, zangado. "Por que, *che*, você aqui?" "Vim perguntar, pedir meu conselho." "Quem é você?" "Eisejuaz, Este Também, o comprado pelo Senhor, o do longo caminho. Eu, Água que Corre, imortal." "O que você quer aqui, *che*?" Tirando a mão de baixo da pele de javali, olhando, sério, os olhos quietos, brilhando. "Vim perguntar, pai do meu caminho, o que farei. Já chegou. E agora, o que farei, como será, o que devo fazer, praonde ir, como pensar?" Falou: "Espere aqui. Espere aqui."
   Não me olhou. Esperei. Esperei. Na pele de javali, ele. Naquela bruma esperei, no escuro esperei, longe, tão alto, sem falar, com frio, com silêncio. Calado, com medo, cansado, esperei, desejoso, mudo, com vergonha. E ele falou, afastou a pele, tirou a outra mão. Vi seus olhos. Sério, nublado, com névoa, enrugado, o pai do meu caminho, Ayó, Vicente Aparício.
   "Volte pra tua casa. Não se distraia. Não perca tempo. Cada anjo mensageiro já saiu buscá-los, o de cada um, os dos dois. Cada qual terá ali sua coroa, de uma cor, de um odor. Como não sabe e como já sabe, meu filho, ali. Depressa, meu filho, Eisejuaz. Depressa, não se distraia. Filho feliz."

Desci do escuro e do alto. Desci até a roda, o barro, a folha podre, o bicho morto, e caminhei, apressado, para voltar.

O grito do lenhador, lá em cima, comprido. "Eisejuaz!" "Hei de me apressar. Me apressarei."

O dourado no rio, emergindo, grande. "Eisejuaz!" "Hei de me apressar. Me apressarei."

O caminhão branco, bonito: "Eisejuaz! Lisandro Vega!" "Hei de me apressar. Me apressarei."

Caminhei. O ar, primeiro mensageiro, fazendo fumaça no frio, nublado na respiração. Caminhei. Voltei.

— Onde você estava? — aquela moça. — O que tem no teu rosto que eu não conheço? Fale comigo. Responda.

Eu disse:

— Fale você.

— Meu pai veio. Cumprimentou o branco doente. Olhou, foi embora. Trouxe presentes. Disse: "Felicidades para o teu homem." Te pergunto: Vai comer? Cozinhei duas batatas, um biscoito.

— Me dê.

Ela esmagou, eu comi.

Aquele menino, de nome Félix Da Mata por vontade da mulher que perdeu um filho por minha causa, esposa do professor que está doente em sua luta, aquele menino:

— Uma mulher loira como os filhos dos gringos trouxe isso pra você. Ela disse: "Vega me conhece. É presente e será útil."

Vi uma pá.

— Obrigado. É uma boa pá. Ponha ali.

Nessa hora gritou o Paqui. Gritou. Corri. Vomitou, gritou. Agitou os braços, ficou em pé. Gritou:

— Estou morrendo, *che*!

Caminhou. Saiu.

— *Che*, amigo, *che*, me segure, *che*, não enxergo, *che*, adeus.

Falei:

— Paqui. Adeus. Teu anjo veio te buscar, *che*. Adeus, amigo. Adeus.

Caiu ali. Se contorceu. Morreu.

O Paqui ali, bonito, no meio do capim. Limpo, ali, ficou.

Aquele menino, Félix Da Mata, correndo:

— Quem trouxe isso? Quem trouxe isso aqui?

A moça:

— Meu pai. É presente. É comida. Faz trac no fogo igual milho.

O menino:

— Não sabe, não? Ovo de sapo. Não conhece, não? Cururu grande. É veneno. Não sabe, não?

Ela:

— Você comeu, homem forte! De minha mão, com a batata, com o biscoito! Era presente do meu pai. Quem deu foi uma amiga que ele tem, uma velha do povo chahuanco. Trouxe pra você. Fiquei feliz. Dei pra você. Dei pra esse branco, malquerido do meu coração, pra cuidar dele que nem você faz. Não morra, não morra, não morra, fique aqui. Era um presente. Não vai morrer.

Falei:

— Não chore você, que é uma flor do mundo. Façam um fosso grande com essa pá que trouxeram. Quando um cansar o outro continua, não durmam. Quando estiver pronto me avisem.

Pegaram uma vela porque já era noite. Não tremulou, não tinha vento. Trabalharam.

Eu caminhei. Disse:

— Tá bom, Senhor. Pronto.

Nessa hora eu vi tanta coisa lá fora. Os mensageiros daquele que é só, como pássaros, como aranhas na teia, como peixes na rede. Disse pra minha mulher, Quiyiye, Lucía Suárez, minha companheira: Tá bom. Pronto. Daquele filho mataco assustado que está na prisão, Água Que Corre cuidará. Cuide-o você também, que ele tem medo.

Falei:

— A pedra que eu fui se abrandou, deixou livre o buraco. Aquele barro que ele foi se lavou. Já cumprimos. O caminho está limpo. O que direi agora? Direi: Tá bom. Como a semente em sua cegueira, sem conhecer a árvore do amanhã.

Ali, a moça:

— Você não vai morrer. Não vai morrer, não. Viva. Viverá. Acreditei num presente. Me alegrei. Quis te presentear. Te matei.

Falei:

— Mensageira moça do Senhor, vi aquele que será teu bom marido. É um que se parece com Galuzzo, o caminhoneiro loiro, e está perto. Amanhã quando tiver me enterrado dê a mão pra esse menino Félix Da Mata e caminhe até a estação de ônibus. Não procure teu pai, não se zangue com ele, não se despeça, não chore. O homem que estiver ali onde diz YPF vai te cumprimentar. É teu marido. Diga a ele: "Não posso separar de mim este menino." Ele dirá: "Tá bom." Vão com ele. É homem bom, teu homem pra sempre, guardião de Félix Da Mata.

— Você que é! Não fale comigo desse jeito! Por que peguei esse menino pra cuidar? Sem ele eu me mataria contigo, me acabaria contigo, iria embora contigo.

Falei:

— Vão. E cortem folha de bananeira.

Voltei. Pus folhas no fundo do fosso, e pus o Paqui num lado daquele fosso grande.

E nessa hora saiu o sol, cantando um canto que nunca não ouvi. Cantou seu canto alvorecendo tão grande e soava para todos dando glória, conhecimento, grandeza. Cantava e cantei com ele, grandemente cantei com o senhor dos mensageiros do Senhor.

Gritei.

Falei praquela e pro menino:

— Quando estiver morto me ponham nesse fosso, ao lado desse homem, e me cubram com folhas como eu o cobri. Com a pá, cubram nós dois de terra até em cima, e apertem bem a terra pulando com seus pés. Este lugar e estas casas agora se chamam O Que Está e É. Não durmam, já será tempo de dormir. Não levem nada daqui em suas mãos. Caminhem praonde eu disse e parem ao lado do posto de gasolina. E saibam que Água Que Corre é imortal e os acompanhará sempre.

Quebrei minha faca. Pus cada parte num bolso da calça.

E veio uma negrura alta cobrir meus olhos. Gritei:

— Fale comigo, moça!

— Meu homem, meu marido, meu senhor.

Falei:

— Por você o mundo não se quebrou, e não se quebrará.

Água Que Corre se ergueu, e uma alegria o preencheu, e o tingiu de uma cor que não se pode dizer, e foi livre, e abriu o braço que ele tem e que é verde, da cor da língua que ninguém pode ver, e gritou. E se foi. Eisejuaz, Este Também, ficou pra ser barro e capim. E cumpriu.

NOTA DA TRADUTORA

Por um evangelho xamânico: *Eisejuaz* em tradução

por **Mariana Sanchez**[1]

> *Toda compreensão de uma outra cultura*
> *é um experimento com a nossa própria cultura.*
> Roy Wagner[2]

> *"O tradutor é ambivalente.*
> *Ele quer forçar dos dois lados,*
> *forçar sua língua a se sobrecarregar de estranheza,*
> *forçar a outra língua a se de-portar na sua língua materna".*
> Antoine Berman *apud* Paul Ricoeur[3]

O gesto da tradução constitui o cerne da experiência *Eisejuaz*. Estamos diante da narrativa monológica de um ameríndio evangelizado por missionários protestantes da Noruega estabelecidos

---

1. Mariana Sanchez é jornalista e tradutora nascida em Curitiba. Há mais de dez anos investiga a literatura latino-americana, em particular a produção contemporânea do Cone Sul. Traduziu autoras como Alejandra Costamagna, Lina Meruane, Samanta Schweblin, Sylvia Molloy e Rosa Montero, entre outras. Integra a curadoria e coordenação editorial da Coleção Nos.Otras, da Relicário Edições.
2. WAGNER, Roy. *A invenção da Cultura*. Tradução de Marcela Coelho de Souza e Alexandre Morales. São Paulo: Cosac Naify, 2010.
3. RICOEUR, Paul. *Sobre a tradução*. Tradução de Patrícia Lavelle. Belo Horizonte: Editora UFMG, 2012.

na Argentina. Portanto, de um personagem-narrador que aprendeu o idioma no qual se expressa, o espanhol, em tradução. Mas esse "aprendizado", como se sabe pela história com maiúscula, é fruto do conflituoso processo de transculturação a que os povos originários foram, e ainda são, submetidos em múltiplos níveis, da perda do seu território à demonização de sua cultura, passando pelo silenciamento de sua língua. "Aprendizado" esse que é posto constantemente em xeque por seus interlocutores, já que, nas palavras de Paqui, antagonista deste romance, Eisejuaz "não fala castelhano". Antes, seu idioma "parece a tosse dos doentes".

A pergunta é: como construir um artefato literário que exponha e confronte, em termos formais e narrativos, a brutalidade do experimento da evangelização indígena? Sara Gallardo parece respondê-la neste romance ao inventar uma dicção própria para o seu personagem: sendo o índio um corpo marginalizado, "fora" da cultura e do tecido social nacional – sobretudo na Argentina, onde as bases africana e indígena foram solapadas por um ideal branco, europeu –, ele se revela também um ser fora da linguagem, cuja subjetividade só pode ser narrada em uma língua *outra*[4]. Assim, o modo mais autêntico de se aproximar dessa voz à margem parece ser, justamente, afastando-se do centro constituído pelo espanhol normativo, torcendo a língua canônica para instaurar uma poética disruptiva. Um idioleto inventado.

---

4. DOCAMPO, Mariana. "La experiencia Eisejuaz". In: BERTÚA, Paula & DE LEONE, Lucía (org.). *Escrito en el viento: Lecturas sobre Sara Gallardo*. Buenos Aires: Facultad de Filosofia y Letras UBA, 2013.

Tal artifício impôs, naturalmente, inúmeros desafios à tradução. Porque *Eisejuaz* é um romance escrito em espanhol, não na língua nativa de seu narrador (o *wichi* ou *wichi-lhämtes*, da família linguística mataco-mataguayo), mas em um espanhol enviesado, deslocado, embora – paradoxalmente – calcado numa oralidade com notável efeito coloquial, em que ressoa a fala do homem simples do Noroeste argentino sem deixar de soar contemporânea. Em minha tentativa de "acomodar" o texto ao espírito do português brasileiro (sem nunca acomodá-lo de fato, pois há aqui uma permanente sensação de desassossego linguístico), procurei manter o registro de uma voz provinciana, reconhecidamente popular mas não circunscrita a uma região específica do Brasil, lançando mão de metaplasmos como *guspir*, *rancar*, *alevantar*, *brabo*. O objetivo era compensar, em tradução, certos desvios ou desarranjos gramaticais do original, como o uso repetido do substantivo *calor* na variante feminina, "*la calor*" (recolhida pela maioria dos dicionários como uma forma regional ou arcaica mas que, segundo a *Real Academia Española*, "é vulgar e deve ser evitada"), e a substituição equívoca do *v* pelo *b*, tão comum no castelhano por serem letras homófonas, entre outros.

João Guimarães Rosa – com quem a crítica costuma aproximar esta obra de Sara Gallardo – escreveu uma vez em carta a João Condé, a propósito de *Sagarana*: "Rezei, de verdade, para que pudesse esquecer-me, por completo, de que algum dia já tivessem existido septos, limitações, tabiques, preconceitos, a respeito de normas, modas, tendências, escolas literárias, doutrinas, conceitos, atualidades e tradições – no tempo e no espaço. Isso, porque: na panela do pobre, tudo é tempero. E, conforme aquele sábio salmão grego de André Maurois: um rio sem margens é o ideal do peixe". *Eisejuaz* é esse rio e é também esse peixe.

Como costuma ocorrer em zonas fronteiriças, nesta parte da Argentina muito próxima à Bolívia e ao Paraguai – cenário do romance e território original do povo Wichí, às margens do rio Bermejo – os códigos idiomáticos nacionais se diluem pelo contágio transcultural, perdem seus contornos e convocam ambiguidades sintáticas que acabam suscitando também ambiguidades semânticas. Em *Eisejuaz* há passagens cujo sujeito da ação não está claro – como no episódio da rememoração da tragédia de Guanslá, narrado em estrutura rapsódica com assonâncias e ecos da gauchesca argentina: não se sabe quem bebe o sangue que escorre, se a narradora do fragmento ou o próprio homem em seu martírio. Por vezes é o verbo que surge evasivo, desprovido do objeto direto ou do pronome reflexivo que ancorariam seu sentido. Nestes casos, optei por manter na tradução o halo impreciso que circunda o texto original e as falhas idiossincráticas de um narrador hesitante entre dois mundos, entre dois sistemas místicos, o cristianismo e o xamanismo.

Alguns fenômenos lexicais e discursivos aparecem reiteradamente na tessitura de *Eisejuaz*, como negações duplas ("nada não havia"), acumulação de advérbios ("tão grandemente muito"), o uso anômalo dos verbos pronominais ("*se vamos a morir todos*", que em tradução ficou "nós tudo vai morrer"), a repetição do advérbio "ali", tanto espacial quanto temporalmente, imprimindo ao texto certa materialidade imagética ("Ali a festa pátria"; "Ali a bandeira"; "Ali o padre"). São curiosos os giros gramaticais em referência à contagem do tempo ("tenho quatorze de minha idade"), a confusão de tempos verbais numa mesma frase ("Acordei na noite e aquele ruído continua no meu coração. Tinha acordado e o medo me faz tremer. Acordei e chamo minha mulher").

Narrado numa espécie de monólogo polifônico ora em primeira, ora em terceira pessoa (de si mesma), *Eisejuaz* conta o périplo de um índio evangelizado que acredita ter uma missão divina a cumprir. E é neste ponto que o procedimento narrativo de Sara Gallardo se sofistica ainda mais, já que todo o romance opera em chave hagiográfica, mas como pastiche[5], e também como paráfrase bíblica – oriunda de uma tradicional família nacionalista católica, Sara Gallardo cresceu imersa na leitura dos textos sagrados[6]. Há uma modulação litúrgica, repetitiva, enormemente influenciada pelo Antigo Testamento e pelos cânticos xamânicos: embora cristianizado, Eisejuaz é filho de xamã, conversa com os seres da mata, evoca o Senhor mas também os anjos da anta, do tigre, os mensageiros dos paus. Não apenas os títulos dos nove capítulos apontam para a jornada santa de Lisandro Vega, como há uma profusão de metáforas e frases extraídas diretamente das Escrituras, incluindo uma citação do Salmo 22: *mi lengua se me pega al paladar* ("minha língua gruda no céu da boca"). Todo o texto está atravessado por dois movimentos fundamentais: o desvirtuamento da língua

---

5. A hipótese é fundamentada por Ulda Margoth Cuevas Aro em *Eisejuaz de Sara Gallardo: ¿Hagiografía o parodia?* (Buenos Aires: Corregidor, 2017).
6. Josefina Fonseca se aprofunda nas filiações religiosas e sociopolíticas dos Gallardo Drago Mitre em seu retrato biográfico *Sara Gallardo, La mujer de humo*. (Buenos Aires: Años Luz, 2019).

padrão e a aproximação à "língua" bíblica – daí minha escolha por formas em desuso no português, como "turbado" ao invés de "perturbado" ou "atordoado", pois é como consta em Gênesis 40:6: "E veio José a eles pela manhã, e olhou para eles, e eis que estavam turbados[7]."

Eisejuaz é um romance sobre a enunciação. Há uma insistência no dizer. Não basta dizer, é preciso anunciar que se diz, em primeira ou terceira pessoa (como no refrão bíblico: *E Deus disse*). É preciso citar e recitar. Tudo se expressa: a lagartixa mensageira do Senhor, o sol que "canta" enquanto alvorece, o avião que "fala" com seu brilho, os anjos das árvores ("cada um com seu sabor na boca do lenhador"). Falam também os alto-falantes da vila, apregoando em sua metálica e onipresente voz: "vão ao cinema, comprem sapatos". Até mesmo os dentes de leite de Eisejuaz, perdidos na mata: "Onde eles ficaram, falam por mim". O primeiro contato entre protagonista e antagonista se dá, precisamente, pelo verbo. "Falei praquele Paqui", diz a frase que abre o relato. A palavra é o elo entre Eisejuaz e o mundo. E, como ele mesmo declara em seu desconcerto, essa palavra vem *con mescla*, vem "misturada", vem da Bíblia[8] e vem do mato.

---

7. Conforme versão revista e corrigida de João Ferreira de Almeida (Rio de Janeiro: Imprensa Bíblica Brasileira, 1971).
8. Em *Una etnolingüística oculta. Notas sobre la etnografía y la lingüística wichí de los misioneros anglicanos*, Rodrigo Montani destaca o papel preeminente dos anglicanos na linguística wichí por terem publicado sua primeira gramática e o melhor dicionário espanhol-inglês-wichí, além da tradução de textos religiosos. O primeiro livro impresso nessa língua nativa foi justamente o *Evangelho segundo Marcos*, traduzido em 1919 pelo reverendo Richard James Hunt em colaboração com o wichí Martín Ibarra, amplamente distribuído entre os indígenas da região de Salta. (*Boletín Americanista*, año LXV. 1, n. 70, Barcelona, 2015.)

●

Há em *Eisejuaz* um jogo habilidoso entre a verborragia das rezas e o laconismo da fala do índio, entre aceleração e detenção, já que seu narrador vive num pulso ditado pelo dinamismo de sua peregrinação e pela morosa espera dos sinais divinos. Nesse sentido, evitando interromper o fluxo dessa "Água que Corre" – um dos epítetos de Eisejuaz –, optei por não inserir notas de tradução em rodapés ao longo da obra. Aproveito então este espaço para esclarecer algumas escolhas e estratégias.

Por exemplo, a tradução do nome do personagem Félix Monte por Félix Da Mata, numa tentativa de conferir efeito de sobrenome a um vocábulo de conteúdo semântico explícito – no espanhol argentino, *monte* significa primordialmente mato, mata[9]. Porém, reconhecendo se tratar de termo polissêmico – e, num contexto com implicações sacras, talvez em alusão indireta aos montes Sinai, Sião, Carmelo –, procurei negociar a perda com alusões ao texto religioso em outras passagens, como já ilustrei. Por outro lado, para não desequilibrar o efeito de oralidade tão chamativo no texto de Gallardo, recorri a contrações populares na língua portuguesa (*pra, preu, numa, praquele*) e ainda a "erros" gramaticais ("botei ele", "nós não come"), soluções que não me pareceram descabidas em um texto todo ele atípico e excêntrico, recortado por exclamações e interpelações

---

9. María Rosa Lojo, em seu estudo "Los 'otros': mujeres y aborígenes en la narrativa de Sara Gallardo" (*Escrito en el viento: Lecturas sobre Sara Gallardo*), destaca Félix Monte como uma espécie de oxímoro: "o monte (mato) feliz, a felicidade ou a plenitude ainda existentes na mata selvagem que foi o berço materno, mas que já se esvaziou de seus bens e expulsa seus filhos."

a um Senhor tratado por *vos*, "você", e não pelo formalíssimo *usted*. De todos os modos, assim como a autora não foi rígida em seu método discursivo mataco, descartando artifícios que ela própria criara, tampouco me aferrei a essas soluções em todas as ocorrências, atendo-me mais às eufonias, aliterações e modulações rítmicas do que a regras esquemáticas.

Ainda sobre notas não incluídas em rodapé: o termo *paisano*, frequente no romance, tem aqui o sentido de conterrâneo, compatriota, natural do mesmo país. Embora em *Eisejuaz* ele se refira geralmente ao povo wichí, também é usado para outras etnias indígenas.

A onomatopeia *che* – popularmente usada nos países platinos como interjeição de surpresa ou com sentido vocativo – foi mantida para valorizar a fala original do narrador e fixar uma espécie de rubrica única, já que em português haveria traduções variadas segundo o contexto.

Na página 49, o termo *Vinchuca*, de origem quéchua, designa o mosquito chamado no Brasil de Barbeiro, transmissor da doença de Chagas. *Chicha* (p. 51) é o nome da bebida alcoólica de milho fermentado consumida entre as culturas ameríndias. Já *vincha* e *chiripá* (p. 59) descrevem acessórios da indumentária tradicional do homem do campo, inicialmente usados por indígenas, depois por gaúchos na Argentina, no Uruguai e no Sul do Brasil: o *chiripá* é uma tira de pano passada entre as pernas e presa na cintura como uma saia, enquanto a *vincha* é uma faixa grossa amarrada na testa para segurar o cabelo.

O "Círculo Argentino" citado na página 51 refere-se a uma instituição social da cidadezinha de Embarcación, província de Salta, frequentada pelos moradores não pertencentes à prestigiosa Sociedade Sírio-Libanesa, que reunia os árabes (chamados de "turcos") donos das casas de comércio local. Menciono isso pois, como bem contam Martín Kohan e Alexandre Nodari nos demais textos desta edição, trata-se aqui de uma obra inspirada em cenários e personagens reais, a começar pelo protagonista: Eisejuaz (posteriormente batizado de Lisandro Vega) foi de fato um líder político e religioso na missão *La Loma*, em Embarcación, e conheceu Sara Gallardo quando trabalhava como auxiliar de cozinha no hotel em que a autora se hospedara[10].

Na página 62, ao traduzir o termo *obraje* – em referência ao local de trabalho onde indígenas faziam o corte de árvores para empresas madeireiras na Argentina, no Paraguai e no Brasil –, recorri à forma *obrage*, de uso regional no Paraná e acolhida pelos dicionários Houaiss e Aulete, por se referir especificamente ao lugar onde se empreendia o corte e preparo da madeira, e não ao termo *obragem*, de uso comum a qualquer sorte de mão de obra.

Sobre os povos indígenas citados no romance, consultei a antropóloga argentina Cecilia Benedetti, professora da Universidade de Buenos Aires e pesquisadora do Conicet, que elucidou uma questão importante: embora hoje o termo *mataco* seja considerado pejorativo entre os membros da etnia *wichí*, à qual pertence Eisejuaz, essa não era a compreensão

---

10. As informações foram colhidas em viagem que fiz pelo povoado no inverno de 2018, mas também estão descritas no ensaio "Encuentro con Eisejuaz, el soñador soñado", do doutor em Antropologia César Ceriani Cernadas, que estudou as missões pentecostais escandinavas no Chaco argentino e conheceu o verdadeiro Eisejuaz, já falecido (Boca de Sapo n. 16, abril, 2014).

da época em que o romance foi escrito. Em 1971 os próprios *wichí* se denominavam *mataco*, isto é, não há qualquer ênfase discriminatória de Sara Gallardo na escolha do termo – ainda que este também seja usado depreciativamente no romance, na boca de certos personagens. Foi somente em 1994, com a nova reforma na Constituição Argentina, que as etnias começaram a reivindicar seus nomes originários e pressionar mudanças na política indigenista do país. O mesmo se aplica a *toba*, denominação espanhola do povo *qom*. Por outro lado, *chiriguano* e *chahuanco* são termos ameríndios de origem quéchua para se referir ao povo guarani do Chaco Salteño. *Churupí*, segundo Cecilia Benedetti, é uma variante de *chulupí* ou *nivaclé*, etnia do Noroeste argentino e do Chaco paraguaio. Quanto a *colla*, trata-se de um etnônimo genérico para povos andinos mestiços de etnias variadas procedentes da Bolívia. Cecilia, que nasceu em Tartagal (município, aliás, citado em *Eisejuaz*), não soube me explicar o uso de *Guanslá*. A princípio pensamos se tratar do nome próprio de um personagem, mas Dora Fernández, professora bilíngue (espanhol-wichí) da comunidade *Lotes Fiscales*, assegurou que Guanslá ("wänlhäj") seria uma referência aos qom em língua mataca. O termo *nichauk* ("nichäkw"), citado na página 55, é hiperônimo para uma trepadeira do tipo cipó[11], e *Ayó* ("hayäj"), alcunha do personagem Vicente Aparicio, seria a tradução de jaguar, onça. Todas as informações foram confirmadas pelo pesquisador do Conicet Rodrigo Montani,

---

11. Também denominado "nichyokw" e traduzido como corda, cordel ou soga por María Eugenia Suárez em seu *Etnobotánica Wichí del bosque xerófito en el Chaco Semiárido Salteño* (Editorial Autores de Argentina, 2014).

antropólogo, estudioso do wichi-lhämtes e doutor em Letras pela Universidade Nacional de Córdoba.

Quanto à nomeação da fauna e flora no romance, por se tratar aqui de países limítrofes, com espécies compartilhadas, foi o caso de investigar as nomenclaturas científicas a partir do original espanhol-argentino para chegar a suas denominações populares no Brasil. Assim, a árvore lá chamada *Incienso* (*Myrocarpus frondosus*) ganha aqui o nome de Cabreúva, e não de Pau-incenso, como a princípio pensei (e que seria outra espécie, *Pittosporum undulatum*, endêmica da Austrália). Já *Mistol* foi mantido por se tratar de uma planta medicinal nativa do Chaco argentino sem ocorrência no Brasil – apesar de parecida ao Juá, do nosso cerrado. Caso curioso é *Cazazapallo*, neologismo criado por Gallardo que tanto pode referir-se a uma espécie em particular (*Caspi zapallo* ou *Pisonia zapallo*) quanto ao uso de tal planta (isto é, "caçar" abóbora). Por entender que, na hierarquia de valores do romance, a forma neste caso está acima do sentido, optei por recriar o neologismo em português como "caça-cabaça" (p. 67), preservando também a aliteração do original.

Embora a denominação da fauna apareça no livro em termos ora de matriz europeia, ora indígena – e, no discurso de um wichí evangelizado por pastores escandinavos, tanto cabe *jaguar* (do tupi, *ya'gwara*) quanto tigre[12] (do latim, *tigris*), mesmo que a rigor não existam tigres nas Américas –, nota-se que,

---

12. Nossa onça costuma ser nomeada erroneamente como tigre nos países platinos. Em *Eisejuaz*, a expressão *tigre cebado* (que, aliás, também aparece no clássico *Facundo*, de Domingo F. Sarmiento) se refere à onça que já se alimentou de carne humana.

dentro dos sistemas em disputa, é o discurso nativo que se impõe: assim como o texto original fala em *quirquincho, charata* (do quéchua) e *surí* (do tupi), na tradução ao português optei respectivamente pelos termos tupis *tatupeba* (tatu "chato"), *aracuã* (pássaro semelhante ao jacu) e *xuri* (ave um pouco menor do que a ema). *Buitre*, ao invés de *abutre*, virou *urubu*; e o tordo, que poderia ser mantido *tordo*, se tornou *sabiá*. Já o *viborón* – serpente venenosa da espécie *bothrops alteratus* conhecida como *víbora de la cruz* e que no Brasil chamamos de urutu-cruzeiro – é também o nome de um ser da cosmovisão wichí, daí a preferência por "viborão" em português, por sua dimensão mitológica.

•

O ato de "entregar as mãos" a serviço de outro, este *colocar-se entre* tão caro a Eisejuaz, termina por espelhar o ato do tradutor: o de ser um mediador cultural, uma ponte entre línguas e literaturas, tempos e geografias, autor e leitor. Um sujeito cuja identidade está atravessada pela alteridade: ser "si próprio" e ser outro. "Este também" – mais um epíteto de Eisejuaz. Como nota Mariana Docampo em seu já citado artigo "La experiencia Eisejuaz", Sara Gallardo realiza um ousado deslocamento do *eu*: de jornalista a novelista, de escritora mulher a narrador masculino, de um indivíduo situado no centro hegemônico da cultura argentina (a família Gallardo Drago Mitre) a um indivíduo wichí periférico, estrangeiro em sua própria terra cada vez mais arrasada. E, sobretudo, um deslocamento de linguagem: do espanhol vigente para um novo terreno da língua. Não é casual que ambas, autora e obra, tenham permanecido silenciadas por décadas até seu resgate tardio na Argentina (quando em 2000 Ricardo Piglia inclui *Eisejuaz* na coleção *Clásicos de la Biblioteca Argentina,* dirigida por ele e Osvaldo Tcherkaski) e no Brasil, em 2021, há exatos 50 anos de seu lançamento.

Entre muitas idas e vindas, da leitura do romance ao mergulho em estudos críticos, da tradução propriamente dita ao extenso cotejo com todas as edições publicadas em espanhol (Sudamericana, 1971; La Biblioteca Argentina, Serie Clásicos de Clarín, 2000; El Cuenco de Plata, 2013; e Dum Dum, 2017), foram pouco mais de três anos de trabalho. Quero expressar meu profundo agradecimento à editora Maíra Nassif por sua paciência e sua aposta neste livro desde o princípio. Agradeço também a todas as pessoas que contribuíram de alguma forma com esta tradução: *mil gracias* à escritora Liliana Colanzi, brava entusiasta de *Eisejuaz* e editora do livro na Bolívia; aos amigos argentinos Mariano Vespa, Carolina Sborosky, Nei Zuzek, Juan Martín Suárez e Stella Maris Baygorria, pela ajuda valiosa em elucidar muitas dúvidas da língua e da prosa gallardiana; aos queridos Julia Tomasini e Marcelo Barbão, tradutores na fronteira Brasil-Argentina; a Martín Kohan, que nos permitiu publicar aqui seu prólogo à edição argentina; à pesquisadora Lucía De Leone, figura-chave da retomada da obra de Sara Gallardo; a Alexandre Nodari, primeiro leitor desta tradução e cujos comentários foram essenciais; a Paula, Agustín e Sebastián, filhos de Sara Gallardo, que aprovaram minha amostra de tradução ainda em 2017 e permitiram sua publicação no Brasil; à Silvia Hopenhayn, que em 2016 ministrou um curso brilhante sobre *Eisejuaz* no Malba (*Museo de Arte Latinoamericano de*

Buenos Aires); ao historiador José Desalín Gómez, sua esposa Milly e ao escritor Santos Vergara, amigos que fiz em Embarcación e que me guiaram pelos territórios reais desta ficção. Agradeço finalmente ao Elisandro Dalcin, companheiro de vida, leituras e travessias.

Toda escrita tradutória é uma leitura pessoal, uma interpretação mediada por subjetividades. Esta, portanto, é apenas a primeira tradução de *Eisejuaz* ao português, uma tradução possível, jamais definitiva. Que este romance paradigmático da literatura latino-americana siga ressoando e despertando novas leituras, traduções, investigações acadêmicas, críticas, adaptações artísticas e outros modos de celebrar um texto literário desta grandeza.

Dedico este trabalho à memória de Irineu Sanchez, xamã-avô e guia.
Buenos Aires, maio de 2017 – Curitiba, dezembro de 2020.

ESTUDO

O fim do mato: da história de Lisandro Vega ao romance de *Eisejuaz*

por **Alexandre Nodari**[1]

Em 1968, Sara Gallardo publica, na revista *Confirmado,* "A História de Lisandro Vega". Fruto de uma viagem a Salta, no Chaco argentino, mais especificamente a Embarcación, a página da crônica, diz ela, "pertence, porque prometi, a Lisandro Vega": "Lisandro Vega perguntou se havia entre nós alguém que pudesse escrever a sua história. Faz um ano que espera esse alguém". Sara Gallardo foi esse alguém. A sua crônica relata a vida de Vega, índio mataco nascido Eisejuaz, o fracasso dos seus planos de melhorar a vida de sua família e parentes indígenas, sua crítica ao modelo colonial e à propriedade, sua conversão ao cristianismo – e rebatismo – pelas mãos do missionarismo norueguês da Assembleia de Deus, ambiente no qual aprende o castelhano, e seu sonho premonitório de uma viagem infinda atrás de sua

---

1. Alexandre Nodari é professor do Departamento de Literatura e Linguística e dos Programas de Pós-Graduação em Letras e em Filosofia da Universidade Federal do Paraná. Bolsista de Produtividade em Pesquisa 2 do CNPq. Fundador e coordenador do *species - núcleo de antropologia especulativa*. Coordenador editorial da Mandakaru Editora.

mulher, que morreria por um conflito intraétnico e pelo descaso das autoridades argentinas. Todavia, como adverte a autora, essa vida "não cabe inteira nesta página, tampouco cabem as fotos que [ele] me deu com sua família nas distintas etapas de sua vida". E, poderíamos acrescentar, também não coube na crônica "a voz dos antigos profetas" da qual ela aproximou a fala de três horas de Vega. Essa *voz* que Gallardo ouviu (e não a pessoa que ela escutou) precisava de outro registro para ser reverberada, precisava não de uma etnografia amadora travestida de reportagem (ou vice-versa), mas de uma "antropologia especulativa", como um conterrâneo da autora, Juan José Saer, definiu a ficção e realizou de forma magistral em *El entenado*.

Sara Gallardo, então, uma segunda vez mas em outro sentido, *escreveu* a história de Lisandro Vega, transformando-a no romance *Eisejuaz* (e caberia perguntar, como me sugeriu Marília Lourenço, se a ênfase do pedido do nativo não recairia justamente sobre a transmissão da história – que ela fosse *escrita*, passada adiante –, mais do que no seu caráter pessoal, o de ser a "*sua* história"). Gesto hoje talvez inconcebível pela decisão ética um tanto contestável, se diria, de manter o(s) nome(s) e os fragmentos da história de vida de um excluído ou marginal, um índio, e isso num país que dizimou de um modo brutal aqueles que, em castelhano, são chamados de "paisanos". Gesto, porém, de uma potência igualmente inconcebível hoje em dia. Afinal, Sara não *deu* voz a esse outro, de modo paternalista, mas, num exercício formal de extremo apuro, contorceu quase até o limite a língua castelhana, a linhagem da literatura argentina a que pertencia e a própria forma-romance, para que, *do modo que lhe cabia, a escrita literária, pudesse fazer caber nela (isto é, reverberar nela) essa voz, sob o risco de convertê-la em outra coisa (a escrita literária, mas também a voz)*, afinal, "poesia é risco", como dirá Augusto de Campos. Não me parece um acaso que a fortuna crítica do romance saliente tanto as torções na língua que a aproximam a um objeto estranho (maneira pela qual Gallardo *formaliza* – o que é diferente de imitar – o caráter duplamente estrangeiro do castelhano do Vega de carne e osso, que o aprendeu através do pastor norueguês Pedersen, o que torna tão hercúlea a tarefa da tradução empreendida por Mariana Sanchez), quanto a singularidade inigualável de *Eisejuaz* dentro do panorama da literatura nacional, invocando, como termos possíveis de comparação, narrativas daqui, do Brasil: *Macunaíma* e *Grande sertão: veredas*, embora talvez o mais acertado fosse pensar na ressonância com o texto de Rosa que é o laboratório experimental deste – *Meu tio o Iauaretê* –, tanto pela sua forma quanto pelo seu conteúdo. Afinal, fora das curvas das literaturas pátrias, *Eisejuaz*, *Macunaíma* (apesar das aparências "brasileiríssimas") e *Meu tio o Iauaretê* (junto a outras obras literárias, escusado dizer, como certa poesia de Gonçalves Dias) constituem uma curva própria que tangencia tais literaturas nacionais, ou melhor, uma dobra em relação ao que caracteriza (*forma*) a Nação: *a* língua, *o* povo (não é um acaso que, na narrativa de Gallardo, se saliente que os índios fiquem nos fundos ou nas margens das festas pátrias e sintam medo de nelas entrar, participar plenamente) e *a* forma literária tão essencial ao estabelecimento (*formação*) das literaturas e línguas nacionais (aqui, o romance). As três narrativas não se situam nem plenamente dentro desse registro discursivo a que estamos habituados (o regime enunciativo e imaginativo das literaturas nacionais, ou do seu *a priori*, a literatura ocidental), nem plenamente fora dele, pois que o sobrepõem (ou o subpõem ou o transpõem) a outro, o indígena. Não se trata de sincretismo, mistura, miscigenação ou hibridismo, categorias que em muito atrapalharam e ainda continuam a atrapalhar a compreensão de práticas rituais, processos sociais e procedimentos artísticos em ambientes coloniais. Trata-se, antes, de, num movimento conflituoso e conflitante, no limite, agônico e agonizante, agenciar o aparato colonial (ocidental) em outros termos (ou, ainda, travar com ele outra relação, o que implica redistribuir os termos). *Eisejuaz* não é um *romance argentino*. *Eisejuaz* é um discurso indígena que (res)soa "como ouvir a voz dos antigos profetas". Ou, dependendo do ponto de vista, a voz dos antigos profetas ressoando um discurso indígena.

E a sobreposição entre dois regimes enunciativo-imaginativos, entre dois registros da(s) voz(es) originária(s), a voz Una e as múltiplas vozes (a voz do Senhor e as vozes dos seres do mato: animais, árvores, o ar, a noite, o Mau, os povos subterrâneos), é (como também nas outras duas narrativas) o próprio tema de *Eisejuaz*. Lisandro Vega (o do romance de Gallardo) é, como tantos outros, um índio convertido, mas – e essa é a torção que importa – a conversão se dá nos termos indígenas, de modo que o próprio sentido de converter se torna de mão dupla: Eisejuaz se converte ao cristianismo, assim como, no mesmo movimento, o cristianismo se converte em xamanismo. Os dois regimes operam, mas o seu agenciamento é indígena, como atesta a própria duplicidade e sua irredutibilidade ao Uno: nunca se deve deixar de frisar, como insiste Martín Kohan, que o protagonista-narrador tem *dois* nomes, que o seu batizado cristão não elimina seu nome indígena, *originário*, nem tampouco as interdições a ele ligadas. Contudo, exatamente por isso, não parece acertado dizer, como o mesmo Kohan faz, que a "matéria" de *Eisejuaz* é "feita de crenças, e seu dilema, em grande medida, é discernir em que se pode acreditar ou não". Afinal, a *crença* (aquilo/aquele em que se deposita a fé) é o operador por excelência do cristianismo e, mais em geral, da ontologia colonial e suas práticas e instituições sociais e discursivas, como o Direito, o Mercado, o Estado, a Ficção etc. Não se trata de crer ou não no que diz Eisejuaz, nos feitos que ele narra, ou de desconfiar deles quando outro personagem central, o charlatão místico Paqui, em discurso relatado pelo próprio protagonista, descredita e desmente os embates do xamã cristão com o Mau como se fossem uma alucinação (a própria caracterização do monólogo do narrador como "alucinado", lugar comum na crítica, também parte de um pressuposto ocidental moderno psicologizante). Pois não está em jogo, e de novo é Kohan a afirmar, "aquele tipo de vacilação próprio do gênero fantástico ou do maravilhoso, que, quando este livro é publicado pela primeira vez, em 1971, já está tão fortemente codificado na literatura argentina, que pode até equivaler a uma certeza", e, ousaria acrescentar, é uma tentativa de sobrecodificar ocidentalmente práticas e discursos como o xamanismo e o mito. Em *Eisejuaz*, não há um mundo único ao qual teríamos acesso por meio de duas ou mais perspectivas hesitantes e oscilantes, entre as quais deveríamos escolher *uma* para crer (a "realidade" ou a "loucura" do narrador, por exemplo). O que temos são (*pelo menos*) *dois mundos em conflito no interior de uma mesma perspectiva* (só temos acesso ao discurso de Eisejuaz, ou melhor, é só por meio do discurso de Eisejuaz que temos acesso aos discursos alheios). É sintomático que o capítulo de abertura se intitule "O encontro": embora remetendo mais diretamente ao encontro de Vega com Paqui, constitui um índice do que está em jogo na narrativa, a saber, o (des)encontro de mundos, suas ontologias, seus regimes enunciativo-imaginativos, o (des) encontro sobrenatural (e de sobrenaturezas, a cristã e a xamânica), evento cosmopolítico que se dá na forma de um combate espiritual que nada tem de maravilhoso ou fantástico (para não dizer que constitui um índice da cena originária da narrativa: o encontro de Eisejuaz com Gallardo). Sob o signo desse (des) encontro, todos os problemas da colonização, em sua complexidade e conflitos (incluindo lideranças indígenas proselitistas, conflitos intra- e interétnicos, prostituição forçada dos nativos, charlatanismo místico, exploração e endividamento dos índios, aproveitamento artístico exotizante dos povos originários), aparecem, numa crítica ao mesmo tempo interna e externa – e, por isso, tão mais potente. O grande drama de Eisejuaz, o "real" e o do "romance", é também o drama de todos os povos indígenas diante da colonização: qual o caminho diante do fim do mato, do fim da floresta, do fim daquela exterioridade em relação à cidade branca, do mundo branco, em suma, diante do fim do seu mundo? O que se ouve na voz desse antigo e moderno profeta de *Eisejuaz*, me parece, é que o caminho passa por ouvir na Unidade a multiplicidade ("os mensageiros daquele que é só, como pássaros, como aranhas na teia, como peixes na rede", "os mensageiros daquela voz por toda parte, como os peixes na rede e as aranhas na teia, pulando e se espremendo em seu arranjo pelo mundo todo, o sustentando"), por (re-)cultivar o mato dentro da cidade (do cristianismo, no caso do romance). Porém, esse não é necessariamente o caminho *indígena*, o caminho que se apresenta aos índios. Afinal, não podemos esquecer que Lisandro Vega, o de Embarcación, pede a Gallardo que *escreva* sua história, e que Eisejuaz, o do romance, afirma não ler mais, logo, também não escrever. Ele narra a sua história a outro, a outra, uma branca, que a escreve. É, portanto, a nós que se destina. É, portanto, a nós que se destina essa voz de profeta que ouvimos em *Eisejuaz* e que apresenta os caminhos indígenas (a multiplicidade enquanto caminho) como exterioridade, e saída possível, dentro do nosso Caminho, aquele "que é único" e que está nos levando a um beco sem saída, ao fim do mato, ao fim do mundo.

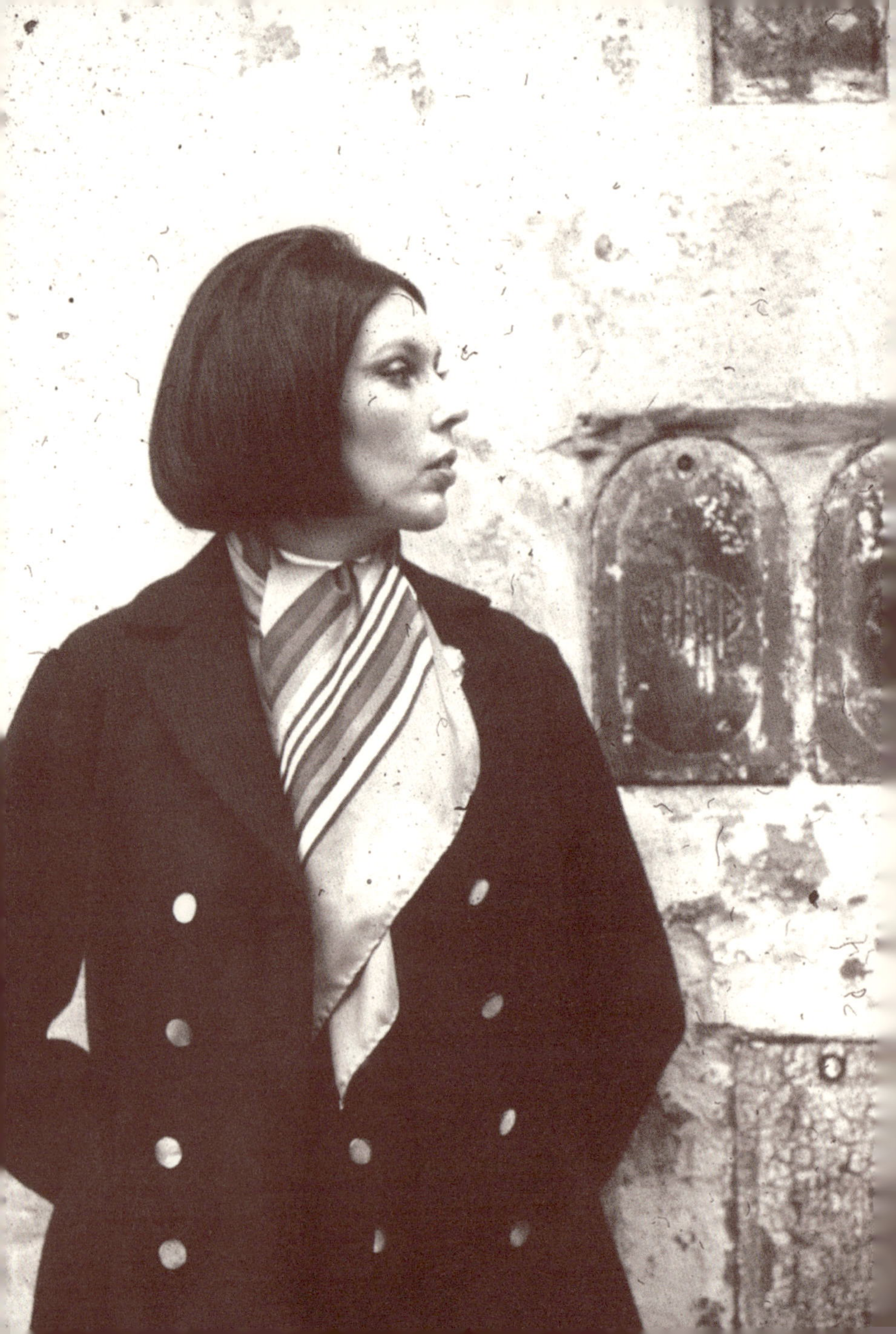

SOBRE A AUTORA

Sara Gallardo para além das fronteiras

por **Lucía De Leone**[1]

Quando menina, Sara Gallardo (1931-1988), que herdara o nome da mãe (Sara Drago), da avó materna (Sara Cané de Drago) e também da bisavó (Sara Belástegui de Cané), era para todos "Sarita": um diminutivo usado para diferenciá-la entre todas aquelas Saras. Pelo lado materno, era bisneta do escritor Miguel Cané e tataraneta do general Bartolomé Mitre. Do lado paterno, filha do jornalista e historiador Guillermo Gallardo e neta do biólogo e político Ángel Gallardo. Foi a segunda de uma família de seis filhos: Guillermo, Sarita, Miguel, Marta, Jorge Emilio e Dorotea. Na maior parte do tempo, enquanto as outras crianças da casa brincavam ao ar livre, no andar de

---

1. Lucía De Leone é doutora em Letras pela Universidade de Buenos Aires (UBA) e pesquisadora do Conicet. Professora de Teoria Literária na UBA e na Universidade Nacional das Artes, é coeditora da antologia *Escrito en el viento: lecturas sobre Sara Gallardo*, além de ter organizado e prefaciado *Macaneos: las columnas de Confirmado (1967-1972)* e *Los oficios*, que compilam a obra jornalística de Sara Gallardo. Integra o comitê editorial de *Mora*, revista do Instituto Interdisciplinar de Estudos de Gênero.

cima da famosa Fazenda Gallardo, em Bella Vista, Sara passava dias intermináveis na cama, doente, e longas noites em claro na companhia da mãe, que vigiava seu sono amorosamente, ou com seu pai, que, lendo em voz alta, a ajudava a criar outros mundos: aqueles que substituiriam a convalescença da asma por histórias que marcariam as coordenadas imaginativas da escritora em potencial.

Além de aproximá-la da leitura, essas vivências intramuros conectavam Sarita com outros tempos e sons da casa, os mais silenciosos, de poder privado, aqueles que não se ouviam nas refeições, na hora do banho, da lição, da chegada do pai à casa. Enquanto seus irmãos estavam na escola ou brincando no quintal, o fato de não poder sair permitia que Sarita desfrutasse daquele *plus de casa* que mais tarde renderia frutos, quando a escritora e jornalista pudesse realizar sua tarefa intelectual numa das tantas casas onde morou, aqui ou além do Atlântico.

São famosas as referências aos livros que seu pai lia para ela enquanto a casa dormia: a Paideia grega, canções de gesta, vidas de santos, histórias da pátria, narrativas de aventura, romances castelhanos, a Bíblia. Em outras ocasiões, ela mesma transformava o descanso na desculpa ideal (o tempo livre) e na melhor perspectiva (a horizontal), não mais para mergulhar fundo nos vincos dos lençóis que acalentam um corpo acamado, mas para navegar nas dobras dos livros que, entre as mãos e diante dos olhos, davam asas à sua imaginação. Assim, embrenhava-se nas façanhas de Odisseu em sua viagem de volta ao *oikos,* ou nas peripécias da jornada dos heróis medievais; assim também descobria as andanças de Sandokan pelo sudeste asiático, as travessias do baleeiro *Pequod* na caça à baleia branca de Melville e as iniciações dos personagens nos cenários urbanos modernos de Dickens.

Uma fábula de vida e obra, ambas (vida e obra) entrelaçadas com a história do país e contadas em chave literária. Ao mesmo tempo que estreia na cena cultural como escritora, incursiona pelo jornalismo (em veículos como *Tarea Universitaria, Atlántida, Primera Plana, Confirmado, La Nación, Claudia, Karina*) e viaja por diversos países europeus e do Oriente Médio – itinerância que mantém ao longo de toda sua vida. A princípio, a dupla linhagem familiar a conecta com duas esferas, o campo e a cidade, e suas derivações ideológico-conceituais (civilização x barbárie; utopia, profilaxia e pureza x degeneração e contaminação), cuja contraposição funcionou como um dispositivo a partir do qual se leu boa parte da tradição literária argentina.

Assim, sua primeira obra, *Enero* (1958), está inserida na tradição do romance de ambientação rural cultivada majoritariamente por escritores homens desde o século XIX, porém, com a novidade de narrar os infortúnios da filha de um peão de fazenda pela perspectiva lúcida da própria adolescente, que não sabe o que fazer com uma gravidez indesejada, fruto da violação que sofre não mais do patrão – como queria a tradição –, mas de outro peão local qualquer. O livro é seguido por *Pantalones azules* (1963), que narra o encontro conflituoso entre um jovem nacionalista católico e conservador – um arremedo tão perfeito quanto crítico de qualquer jovem do ambiente sociocultural da autora – com uma moça judia, trabalhadora e de comportamento sexual permissivo. *Los galgos, los galgos* (1968), seu romance mais conhecido e premiado, tem como foco as tentativas fracassadas de transformar o protagonista em fazendeiro, explorando as hipocrisias de sua própria classe social, e está ambientado em cenários muito transitados por certa literatura argentina: Buenos Aires, a fazenda, Paris. Em *Eisejuaz* (1971), Gallardo inventa um idioleto e uma sintaxe para narrar o caminho vocacional de um índio mataco que diz receber sinais divinos em cenários pagãos e cotidianos, como o hotel onde trabalha lavando pratos. Em 1975, publica *Historia de los galgos*, uma reelaboração compendiada do romance de 1968, e, em 1977, seu único livro de contos, *El país del humo*, que reescreve, pela ótica dos humilhados, derrotados, corrompidos e marginalizados, o imaginário do continente americano e suas histórias de conquista e fundação. *La rosa en el viento* (1979), seu último romance, está situado predominantemente na Patagônia, onde as promessas douradas do continente e do sul argentino se entrelaçam com histórias de viajantes, aventureiros, indígenas, exilados e espiões.

Gallardo também escreveu literatura para crianças: os livros de contos *Dos amigos*, *Teo y la TV*, ambos de 1974, *Las siete puertas* (1975) e o romance breve ¡*Adelante, la isla!* (1982), que inclui um relato autobiográfico intitulado "*Historia de mis libros y otras cosas*", na qual a autora classifica sua obra como um "vidro quebrado". A publicação de sua *Narrativa breve completa* (2004) sob os cuidados de Leopoldo Brizuela, a inclusão de seus textos em diversas antologias, a constante reedição de suas ficções[2],

---

2. Há algum tempo as obras de Sara Gallardo voltaram às prateleiras na Argentina por diferentes editoras (Emecé, Capital Intelectual, El Cuenco de Plata, Fiordo, Clase Turista, Random House). Nos últimos anos seus livros de ficção, sobretudo

a compilação de sua produção jornalística em *Macaneos: las columnas de Confirmado (1967-1972)*[3] e *Los oficios*[4], o interesse por sua obra a partir de novos marcos interpretativos como a crítica feminista e a dissidência sexual, além das traduções de suas obras ao inglês, alemão e agora também ao português, dão conta de um renovado, diverso e amplo interesse por Sara Gallardo.

A obra como "vidro quebrado", portanto, funciona como uma metáfora que, longe de expressar decadência ou deterioração, cristaliza uma imagem autoral que se diversifica em múltiplas frentes: no conjunto da sua heterogênea produção literária; nas diferentes valorizações e posições que ocupa como escritora, mulher e jornalista profissional no sistema cultural argentino do final dos anos 1950 até meados de 1980; na natureza versátil das suas colaborações jornalísticas (colunista de destaque, repórter anônima, correspondente, entrevistadora, cronista); nos outros ofícios em que a escrita assume um papel protagonista (roteiros cinematográficos e televisivos, prólogos, traduções). As singularidades de cada uma de suas ficções ajudam a pensar sua obra literária dividida em partes; peças cujos restos, como vidros quando quebram, não podem ser recompostos novamente num todo organizado, não permitem que sejam instalados em séries de afinidades previsíveis ou constelações críticas conhecidas, mas, antes, exigem a montagem de novas composições, uma ordenação própria, de tal modo que sua

---
Enero e *Eisejuaz*, também foram reeditados em edições hispano-americanas (pela boliviana Dum Dum, pela colombiana Laguna e pela espanhola Malas Tierras).
3. Buenos Aires: Ediciones Winograd, 2015.
4. Buenos Aires: Editorial Excursiones, 2018.

produção inteira excluiria qualquer tentativa de categorização forçada, estimulando a surpresa, o desvio, o desconcerto dos leitores e leitoras.

Pois bem, graças a esta edição, Sara Gallardo é traduzida para o português, o que até hoje era uma dívida pendente para quem sem dúvidas possui um mercado cultural no Brasil. Agora os leitores conhecerão a escritora que tanto admirou Clarice Lispector pelo rigor "viril" da sua escrita, e a conhecerão através de *Eisejuaz*, romance atípico tanto dentro de sua produção como na tradição nacional argentina.

Em ambas as escritoras, contemporâneas entre si mas que não se conheceram, combina-se uma escrita flutuante, que resiste a ser enquadrada nas tradições de seus países, com um estilo de vida marcado pela errância. A virilidade que Gallardo atribui à prosa da autora de *Água viva* não remete a uma denúncia sobre ideias machistas, nem sequer se trata, em seu mundo imaginário, de uma denominação ligada ao sexo oposto. Antes, a virilidade estaria posta no nível da pura materialidade do texto, no funcionamento da escrita a serviço do trabalho intensivo, como o do escultor com o mármore, do rigor preciso para a perfeição da obra, o primor da frase, a depuração necessária para se obter diamantes, que posteriormente levará a crítica Hélène Cixous[5] a definir a escrita de Clarice como "intraduzível" e extraterritorial.

Se em *Eisejuaz* já encontraram filiações com Juan Rulfo, Guimarães Rosa ou Mário de Andrade, por que não tecer, como

---

5. CIXOUS, Hélène. *La risa de la medusa: ensayos sobre la escritura*. Barcelona: Anthropos, 1995.

queriam os feminismos do século XX, outras genealogias? Por que, então, não propor um diálogo entre *Eisejuaz* (1971), o romance mais experimental de Gallardo, e *A hora da estrela* (1977), de Lispector, no qual um narrador em primeira pessoa conta a história de uma nordestina pobre e inculta que chega com todos os seus problemas ao Rio de Janeiro para enfrentar a vida? Ambos os romances estabelecem marcos importantes na trajetória das escritoras. Em Lispector começam seus últimos anos literários e de vida, aquilo que ela mesma chamou de "a hora do lixo". E, embora Gallardo já tivesse explorado a construção de narradores masculinos e técnicas narrativas de vanguarda, é com *Eisejuaz* que ela começa a se afastar das questões mais próximas ao seu círculo biográfico e do campo bonaerense para adentrar em outros terrenos narráveis (neste caso, o Chaco salteño, na região norte do país), dos protagonistas mais urbanos para um personagem inédito na sua exploração literária. Gallardo não escreve mais um romance indigenista denunciando a condição do *mataco*; tampouco se trata de um testemunho. Aqui, o índio é retirado dos espaços estagnados e concebido em todas suas nuances: o selvagem evangelizado que conta com um passado nebuloso e que forma uma dupla funesta com um ser repulsivo, o Paqui. *Eisejuaz* é também um experimento de linguagem por meio do qual é inventada uma fala com procedimentos de vanguarda, expressões do Norte argentino e, arrisco dizer, com termos emprestados do lunfardo e do tango que também encontramos nas colunas jornalísticas escritas semanalmente por

Sara Gallardo para a revista *Confirmado* entre 1960 e 1970 (por exemplo, o título de uma delas: *"Cómo se sufrimos los periodistas"*).[6]

Por sua vez, Lispector, ao deixar o relato de Macabéa para um narrador masculino culto (um escritor), cínico, que interrompe o fluxo narrativo com reflexões metaficcionais, digressões autorreferenciais e interpelações ao leitor, não aderiu às convenções do realismo crítico nem à representação realista da tradição brasileira de cunho social, que remeteria pelo menos a *Os sertões* (1902), de Euclides da Cunha.

Tanto se trata de um impulso de busca que ambos os romances revelam outras formas – não simplesmente miméticas, não puramente denuncistas, não estritamente limitadas ao olhar do observador externo e entregues à pena acusatória do escritor – de filtrar a problemática social. Pois, tanto a reconstrução do registro de Macabéa e a proposta de uma ordem sintática que rege de modo singular as vicissitudes da trama, quanto a invenção da fala de *Eisejuaz* e a estruturação do romance estão a

---

6. Em *Macaneos* é possível ler as três colunas publicadas na revista *Confirmado* que funcionam como antecedentes do romance: "Reportajes antisensacionales" (1967), "Reportajes antisensacionales II" (1967) e "La historia de Lisandro Vega" (1968). Gallardo viajou como jornalista a Salta, Noroeste da Argentina, onde encontrou um material extraordinário. Ali, contata os habitantes de Seclantás e de outros municípios próximos, entrevista Lisandro Veja (nome evangelizado do mataco Eisejuaz) e imbui-se dessa atmosfera, que registra, como boa cronista, num estilo literário promissor. As histórias contadas por Gallardo nessas colunas são posteriormente assimiladas por uma série de procedimentos (a criação de um idioleto, a combinatória de poéticas, a invenção da trama) cristalizados no romance, no qual coincidem alguns nomes, lugares e circunstâncias daquelas crônicas. Afinal, trata-se de uma história que, como adianta a própria colunista, não cabe inteira em *Confirmado*, transcendendo as páginas periódicas para se tornar livro (romance de ficção) em 1971.

serviço da pura experimentação literária de ambas as escritoras, e obedecem às normas ditadas pelo próprio verossímil.

Ainda que – ou, talvez, porque – Gallardo nunca tenha chegado a gozar do reconhecimento nacional, internacional ou mesmo latino-americano de sua colega brasileira, hoje suas obras podem começar a ser pensadas para além das fronteiras, isto é, fora dos próprios sistemas literários, em conexão com outras tradições, seja pelo tratamento de seus temas, pelo alcance de suas tramas, pela trajetória de seus personagens, pelas apostas estéticas ou por sua natureza experimental. Assim, Clarice Lispector se apresenta como um caminho tangencial que permite relacionar Gallardo com outra tradição feminina, diferente daquela formada pela tríade de escritoras argentinas *best-selleristas* (Beatriz Guido, Marta Lynch, Silvina Bullrich), caracterizada principalmente em virtude de suas marcas autorais[7].

No mais, as colunas de Sara, assim como as crônicas de Clarice, nos diferentes veículos de comunicação em que trabalharam – assinando ou usando pseudônimo, abordando viagens, moda, atualidades, conselhos femininos, com reflexões sobre a própria profissão, com um registro assimilável ("o correr da máquina" clariciano com "a pena ao vento" gallardiana), e instalando um sistema de tráfego discursivo, de empréstimo e mútuo aproveitamento entre suas atuações jornalística e literária, conquistando o público leitor, que contribuiu para a construção de seu mito de escritora – permitem traçar novas conexões,

---

7. Em várias de suas declarações, o escritor argentino Leopoldo Brizuela insistiu em se estabelecer um diálogo entre as obras de Gallardo e das escritoras Silvina Ocampo e Elvira Orphée.

deslocá-las de seus próprios sistemas culturais e inseri-las num sistema diferente de redes, leituras e influências.

Nesse cânone que ela denominava *viril*, Gallardo desenha uma genealogia de mulheres que parte de Virginia Woolf e passa por Clarice Lispector, cita Silvina Ocampo, inclui Carmen Gándara, abarca os ensaios da escritora italiana Cristina Campo – quem, aliás, traduz. Nessa "família literária", Gallardo coloca a si própria e, para isso, traça um itinerário específico de autoras e obras num sistema cultural que excede o âmbito nacional e ultrapassa os gêneros literários. Nem masculino nem feminino constituem atributos aplicáveis à literatura, pois isso seria tão ridículo, dirá a autora em diversas entrevistas, quanto falar de carpintaria ou arquitetura femininas. Muito menos esses atributos poderiam ser encontrados na escrita, afirma Gallardo pouco antes da propagação das teorias não essencialistas de certa crítica feminista que se perguntava como seria a práxis de uma suposta escrita tachada de feminina. Assim como o balé – arrisca ela, poeticamente –, a escrita de um homem ou de uma mulher são manifestações de uma mesma ordem de expressão que, no máximo, admite nuances femininas e entonações masculinas, de acordo com aquela antiga divisão sexista binária. Uma ordem expressiva que Gallardo, em sua escrita, prefere *hermafrodita* – *trans*, talvez pudéssemos dizer hoje com maior liberdade: uma mulher que escreve a partir do seu ponto de vista e que manifesta sua prosa sob a roupagem desse desejo viril[8].

---

8. Na seção *"Una pregunta guatemalteca"* da entrevista realizada por Reina Roffé (1977), Gallardo se refere desta maneira à inutilidade de se perguntar sobre a feminilidade na escrita. Esta entrevista pode ser consultada em *Los Oficios* (Buenos Aires, Excursiones, 2018). Outras entrevistas em que a autora se refere a essas

Com entusiasmo, confesso estar convencida de que, a partir da tradução de *Eisejuaz* ao português, faz-se necessário um trabalho imediato para continuar forjando tradições alternativas às que os cânones heterocispatriarcais quiseram nos impor. A animalidade, os regimes espaço-temporais, a construção de sensibilidades e corpos feminizados, a representação de identidades em trânsito, a experimentação estética e até mesmo a dimensão política são algumas das pontas desse novelo a partir do qual é possível desenrolar saberes estagnados e arriscar novas formas de ler a obra de uma escritora inadiável para a literatura mundial.

questões são as de Esteban Peicovich (2003), "Por qué me fui. Con Sara Gallardo en Barcelona", em *Fe de Rata*, Ano II, n. 23, Córdoba (Ed. Original 1979), e a de Cristina Wargon (1977), "Sara Gallardo" em *Pájaro de fuego*, Buenos Aires, Ano 1, n. 3, p. 28-30.

© Relicário Edições, 2021.
© Herederos de Sara Gallardo: Eisejuaz, 1971.

Dados internacionais de Catalogação na Publicação (CIP)

163e

Gallardo, Sara

Eisejuaz / Sara Gallardo ; traduzido por Mariana Sanchez. - Belo Horizonte: Relicário, 2021.

240 p. ; 13cm x 19cm.
Tradução de: Eisejuaz
ISBN: 978-65-86279-24-5

1. Literatura hispano-americana. 2. Romance. I. Sanchez, Mariana. II. Título.

CDD 860.9
2021-990   CDU 821.134.2(7/8)

COORDENAÇÃO EDITORIAL Maíra Nassif Passos
ASSISTENTE EDITORIAL Márcia Romano
TRADUÇÃO Mariana Sanchez
REVISÃO Maria Fernanda Gonçalves
PROJETO GRÁFICO & DIAGRAMAÇÃO Ana C. Bahia
COMUNICAÇÃO E CONTEÚDO Michelle Strzoda
COMERCIAL Patrick Amorim

Obra editada com o incentivo do Programa "SUR" de apoio às Traduções do Ministério de Relações Exteriores e Culto da República Argentina.

Obra editada en el marco del Programa "Sur" de Apoyo a las Traducciones del Ministerio de Relaciones Exteriores, Comercio Internacional y Culto de la República Argentina.

/re.li.cá.rio/

Rua Machado, 155, casa 1, Colégio Batista | Belo Horizonte, MG, 31110-080
contato@relicarioedicoes.com | www.relicarioedicoes.com
@relicarioedicoes /relicario.edicoes

1ª EDIÇÃO [2021]
1ª REIMPRESSÃO [2024]

Esta obra foi composta em Crimson Text,
Acumin e Sirene Text, sobre papel Pólen Soft 80 g/m²
para a Relicário Edições.